静岡新聞連載

心の風景

ふじの国の修行僧

静岡新聞連載

心の風景

ふじの国の修行僧

心の風景　ふじの国の修行僧　■もくじ■

厳しさ、現代にこそ●杉本日慈さん　本門法華宗管長、大本山妙蓮寺貫首　4
献眼の光ともし40年●勧山弘さん　真宗大谷派真楽寺住職　9
良縁づくり、自らが範●伊藤通明さん　日蓮宗感応寺住職　14
料理の基本は母の味●小金山泰玄さん　曹洞宗大本山総持寺典座　19
「己の価値」を生きよ●梅原諦愚さん　臨済宗妙心寺派自然庵主　24
「いまここ」を生き切る●吉野真常さん　曹洞宗修行道場可睡斎後堂　29
心を観て仏と一体化●庵谷行亨さん　立正大学仏教学部長、日蓮宗長寺住職　34
死病越え、幸せ説く●竹中玄鼎さん　臨済宗妙心寺派平田寺住職　39
お経も短歌も「情感」●福島泰樹さん　歌人、法華宗本門流法昌寺住職　44
加持祈祷、救いに専心●和田仙心さん　真言宗御室派観蔵院、修行道場大元堂住職　49
道元の教え広く今に●桜井孝順さん　曹洞宗栄林寺住職　54
難民救済、同じ目線で●松永然道さん　シャンティ国際ボランティア会会長、曹洞宗宗徳院住職　59
深遠の境地求め座禅●井上貫道さん　曹洞宗少林寺住職　64
念仏の中に暮らす●中村康隆さん　浄土門主、総本山知恩院門跡　69

なじみの文学に禅の心●重松宗育さん　関西医科大教養部教授、臨済宗妙心寺派承元寺住職　74
耐え忍ぶことが大切●川口日唱さん　法華宗本門流大本山光長寺貫首　79
教育に宗教心生かす●木宮一邦さん　浜松大学長、臨済宗妙心寺派龍雲寺住職　84
酒の歌人温かみ伝える●林茂樹さん　沼津牧水会理事長、浄土宗乗運寺住職　89
本音で平凡に暮らす●牛込覚心さん　漫画原作者、小説家、禅系単立願行寺住職　94
民衆の心に溶け込む●本間日諄さん　日蓮宗大本山重須本門寺貫首　99
寺復興へ16年間奔走●春木龍仙さん　曹洞宗誕生寺住職　104
「お授戒」で仏心自覚●丹羽鐵山さん　曹洞宗洞慶院住職　109
卓球を通し仏教伝道●山田佝孝さん　全国卓球ベテラン会会長、浄土宗来迎院住職　114
宗派の垣根を越えて●立松和平さん　作家、知床毘沙門堂総代　119
社会教育で仏心実践●旭英順さん　日蓮宗社会教化事業協会連合会長、久成寺住職　124
宮沢賢治の心末永く●浦辺諦善さん　法華宗本門流光長寺南之坊住職　129
宗派超えた貢献模索●長岡安成さん　県仏教会会長、曹洞宗普明寺住職　134
感動共有の場を提供●藤原東演さん　臨済宗妙心寺派宝泰寺住職　139
変わらぬもの、仏の道●山田康夫さん　曹洞宗盤脚院前住職　144

本門法華宗管長、大本山妙蓮寺貫首
杉《すぎ》本《もと》日《にち》慈《じ》さん（80歳）

不惜身命《ふしゃくしんみょう》

「法華経」勧持品第十三に登場する。文字通り、身命を惜しまず仏法に精進する。元横綱貴乃花が横綱に推挙されたとき、「不惜身命」を使い、命を投げ打って横綱を全うし、相撲道に精進する決意を述べた。

厳しさ、現代にこそ

京都西陣は庶民の街。威勢のいい商店の掛け声が続く通りを抜けると、各宗派の寺院がかたまり、近くに大徳寺や茶道各派の茶室が並ぶ、俗塵《ぞくじん》を払うかのような一角に出る。椿《つばき》の寺として知られる本門法華宗の大本山妙蓮寺総師として座す杉本日慈貫首を訪ねた。盛りを迎えた妙蓮寺椿の赤い花を揺らすように白い雪が舞い散っていた。

―京都の暮らしはいかがですか。

「こんな大雪ですし、ことしは寒いですよ。冬の底冷えはきついですし、夏は蒸し暑い。特に夏はつらいですね。自然が厳しいだけでなく、人も静岡のように大らかではない。華やかに見えるのは観光で来た場合だけですよ」

管長、貫首という立場で立教開宗七百五十年の大法要を無事成し遂げた。重責に加え、さまざまな課題が山積している。

▼沼津に自坊

「重労働ですな。はーはーふーふー言いながら、やっています。貧乏本山ですから何でも自分でやらなくてはなりません。八十歳になりましたが、ここでは食事の世話をしてくれる人もいません。外でばかりで食べていると、体に悪いし、気が付くと栄養失調の状態になってしまう。昔のように、馬力が出ないし、気力も失われています。ここが修行のやり直しだと思っています。でも、やはり沼津はいい。ちょこまかと帰っているんですが、沼津に戻ると本当にほっとします」

自坊は正見寺（沼津市下香貫八重）。平成十二年十一月、七十七歳で妙蓮寺百八世貫首に就いた。

—管長、貫首のお仕事を話してください。

「管長は人事処理など行政的な事柄の最高責任者。貫首は宗教行事の中心、精神的なものの象徴ですね。宗派に百カ寺ほどありますが、宗教法人はそれぞれが独立していますから、本山の経営も厳しい。見た目は円満に行っているのですが、やはり派閥のようなものもできている」

—精神的にも大変な重労働のようです。

「任期は三年でしたが、既に四年目に入っています。すぐにでも交代したいのですが、病気にでもならない限り、難しいかもしれません。礼儀作法を含めて風紀の確立とともに、老朽化が著しい本堂の改築に着手する準備をしなければならない。いずれにしても土台がしっかりしていなければ駄目ですから」

▼自ら姿勢示せ

—ことしも厳しい年になりそうですが。

「社会不安が度々起こり、日蓮聖人の時代と現代は似ているのかもしれません。鎌倉の市中に骸骨《がいこつ》があふれ、人々が倒れふしている時代に、日蓮聖人は民衆をどのように救うことができるか悩んだ。民衆も仏教に対する信仰が分からなかった。それでも仏教者として時代と積極的にかかわろうとした。海の向こうの戦争が他人事ではなく、国内では経済不況が続き、教育制度は崩壊の危機にある。人間的にいい人というだけでは坊さんも駄目。日蓮聖人の強さに戻らなければならない」

—僧侶に厳しさが欠けているのでしょうか。

「いい坊さんもいる半面、ちょっと変だと思われる坊さんも多い。昔と違い、基本的人権という考え方がある。それも大事だが、坊さんに厳しさがないと駄目。かたちのことを言ってなんだが、有髪の坊さんがいる。頭を剃《そ》れと言うと、有髪であっても心の問題であり、頭がてかてかでも心は救えないと平気で言う。無理に頭を剃れとは言えないが、坊さんは檀家の人たちに姿勢を示さなくてはならない。檀家からだらしがないと思われては仕方ない。人はいいのに、誰もついてこない。殴られても有り難いと思えるような殴り方がある」

――学校や家庭でも同じですか。

「温情主義もいいが、規律は緩くなってしまう。学校でも厳しい先生には生徒がついてくる。甘えとは違う」

大正十二年に沼津に生まれた。父が大本山光長寺南之坊住職、立正大学に進む。学徒動員で召集され、復員後、二年間大学に通う。伊東高校から沼津商業定時制教諭を務める。三十八歳で正見寺住職となり、高校教諭を五十五歳まで兼任する。

「歴史を教えていました。授業の内容がよければ、生徒はついてくる。当時の沼商定時制には二百人ほどの学生が通っていた。家計を支えながら、勉学に励むという真剣な子供たちが多かった。目が輝いていた。貧乏はつらいし、いやなものだが、底力が出る。苦労が大きいほどエネルギーは出るものだ。当時の子供たちが大工の棟梁や肉屋、おもちゃ屋などになって頑張っている。苦しいときを耐えてきたから、社会に出ても間違いがない」

お勤めの合間にさまざまな読書に励む。白内障の手術を受けたが、再び視力が落ちているのが気掛かり。優しいまなざしの中に厳しさを秘める。

「不惜身命の心掛け。頑張るだけ、頑張ってみます」。底冷えの座敷に若々しい言葉が響いた。

正 見 寺
沼津市下香貫八重46-1
電　055-931-3826

妙蓮寺にある玉淵坊日首の作「十六羅漢石庭」。臥牛石と呼ばれる大きな青石は、豊臣秀吉が伏見城から移した名石

【大本山妙蓮寺】

永仁２年（１２９４年）に、日像聖人によって創建された本門法華宗大本山。たびたび寺地を変え、現在地に移転したのが天正15年（１５８７年）。当時は塔頭28カ院を有する大寺院だったが、天明８年（１７８８年）の大火で、そのほとんどが焼失した。わずかに山門、宝蔵、鐘楼を残すのみになった。現在は８つの塔頭を有す。本阿弥光悦写筆の立正安国論、妙蓮寺椿を描いた海北友松の妙蓮寺椿の図などが名残。桂離宮を作庭指示した玉淵坊日首の作である枯山水「十六羅漢石庭」も著名。

妙 蓮 寺
京都市上京区寺之内通大宮東入
電　075-451-3527

献眼の光ともし40年

沼津市末広町の真宗大谷派の真楽寺を訪ねると、新築工事の真っ最中だった。一九五三年、戦災で焼失した本堂を鉄筋コンクリート二階建ての斬新なスタイルとし、全国的に珍しい寺院建築として注目された。開祖の親鸞聖人が国府津（小田原市）に建てた草庵から七百五十年を経て、勧山弘住職（84）が二十四代目。常に挑戦する姿勢を崩さない。

真宗大谷派真楽寺住職
勧《すす》山《やま》　弘《ひろむ》さん（84歳、沼津市在住）

照于一隅《いちぐうをてらす》

最澄が全国から集まった学僧の修学の規則として書いた「山《さん》家《げ》学《がく》生《しょう》式《しき》」の中に「一隅を照らすもの、これ則ち国の宝なり」とある。1200年後の今日こそ、各界で必要な文字であろう。アイバンク運動にもふさわしい。

▼駿河療養所通い

—勧山住職と言えば、アイバンク運動と返ってくるほど、献眼運動と切り離すことができません。運動のきっかけから教えてください。

「長い話になりますが、よろしいですか。まずはハンセン病患者に盲人が多いことをご存じでしょうか。昭和三十年代、わたしは輔導使《ほどう》として御殿場の国立駿河療養所に通っていました。そこでハンセン病患者四百人のうち、三十六人が失明していることを知って愕然《がくぜん》としました。なぜ、こんなに多いのか。当時の所長に聞きますと、ライ菌が角膜を侵すので失明するということでした。外国では角膜移植があると聞きましたが、国内ではそんな話を聞いたこともありませんでした」

—ハンセン病患者は当時は、強制隔離政策を実施していましたが。

「そうです。昔は感染する病気だと信じられていました。いまとなっては笑い話ですが、わたしもどっちか分からなかった。駿河療養所で不幸があれば、呼ばれて沼津から出掛けて葬儀を執り行いました。近くの僧侶は敬遠していたのでしょう。わたしも当然、不安でした。でも、みんな喜んで迎えてくれ、お茶や夏にはスイカを出してくれる。嫌な顔をするわけにはいかない。当時から、医者は感染しないと知っていたはずです。医者の責任は大きい」

二〇〇一年五月、小泉首相が熊本地裁の損害賠償を認める判決を受け入れ、強制隔離政策を終了するまで、日本人の多くに偏見があった。

―それがどのようにアイバンク運動につながるのでしょうか。

「忘れもしません、昭和三十九年（一九六四年）七月五日夜でした。沼津に静浦志下という地域があります。檀家の野坂清太郎さんが八十九歳で亡くなられた。北海道の出身で余生を沼津で過ごすというので移り住んでこられた。通夜の法要を終え、帰ろうとすると、家族がこれから東京・信濃町の慶応病院の医師が来ると言います。真夜中にタクシーを飛ばし、箱根を越えてやってきた。そこで初めて角膜摘出を見せてもらった。時間は三十分、一滴の血も出ない。義眼を装着すると摘出前と全く変わらない。遺族と医師の金銭のやり取りはなく、野坂さんの角膜で、二人の失明者の目に光が戻ることを教えてもらいました」

―野坂さんがアイバンクに登録していたのですね。

「そうなんです。そうだ、これをやろうと思いました。いままでは、ハンセン病と同様に笑い話になりますが、最初は大変だった。仏さんから、髪の毛一本たりとも傷つけることに抵抗のあった時代。目がなくては三途《さんず》の川を渡れない、あの世へ行っても両親に会えない、非難ごうごう。もっとひどいのは売名行為だ、選挙にでも出るのか、などいろいろ言われました」

―よく理解されるようになりました。

「親鸞聖人は亡くなったら、遺体を賀茂川に捨てて魚の餌にしてしまえ、と言っている。在野の自由な立場にいたからできたのだと思います。それに、ライオンズクラブの仲間が理解者になってくれた。沼津で開いたアイバンク運動の全国大会も大成功だった。四十年間、ずっとアイバンク、アイバンクと言ってやってきました」

▼沼津で毎月説法

―駿河療養所のハンセン病患者も角膜移植で光を取り戻すことができたのでしょうか。

「残念ながら、視神経をやられている場合が多く、治るとは限りません。実はわたしの右目が加齢黄斑変性症という病気でモノがいびつに見えます。幸い、左目は正常なのですが、これも角膜移植では治りません。年も年ですから、目はしょぼしょぼ、耳が遠いのも仕方ありません」

戦時中、大谷大学卒業、津の連隊に入隊した。中国の戦場で手榴《りゅう》弾を足に受けて、野戦病院送りに。連隊は沖縄戦で全滅、九死に一生を得た。一年間の抑留を強いられ、沼津に戻った。

「駅のホームから千本松原がよく見えました。何も残っていなかった。衆生済度《しゅじょうさいど》。人を助けることが最大の願望として残った。せめて何もしないで死んでいくなら、手持ちの角膜を差し出してほしい。そうすれば二人を助けることができる。日本の政治家は腰抜けばかりですね。福祉国家を言っている厚生大臣は誰も献眼したことがない。総理大臣も然《しか》り。中国の鄧小平はちゃんと献眼している」

毎月二十八日、自坊で説法を行っている。五十五年間、一度も休んだことはない。毎月内容が変わるテレフォン説法〈電055（963）7676〉を続け、新聞チラシに折り

真楽寺
沼津市末広町170
電　055-962-0200

込む。「お経なんて読んでいるほうが分からないから、聞いているほうでも分かっちゃいない。いまの坊さんはお経を上げることしかしないから仏教が停滞してしまう」。アイバンク運動を始めた強い意志にすべて通じるようだ。

1979年にスリランカからの眼球空輸で光を取り戻した北海道の少女。勧山住職は高校生になった少女と再会している（「沼津ライオンズクラブ20周年記念誌」から）

【アイバンク運動】

アイバンクは死後、眼球を提供してもらい、角膜移植手術をあっせんする。１９４４年に米ニューヨークに世界初のアイバンクが設立された。日本では５４年に法律が公布され、角膜移植手術が始まった。５８年に福岡で献眼運動がスタート、６４年ごろから勧山住職を中心に運動が高まり、第１回アイバンク運動全国大会が沼津で開催された。県内のアイバンク運動は盛んで、現在、約９万人が登録している。

良縁づくり、自らが範

刑期八年未満の初犯受刑者を対象とする静岡刑務所（静岡市東千代田）。現在、約千二百人を収容する。県教誨《きょうかい》師会会長を務める静岡市駒形通、日蓮宗感応寺住職伊藤通明さん（80）によるグループ教誨に参加させてもらった。大寒の日だった。午後五時四十五分から約一時間。細長い和室の教誨室に伊藤住職と二十一人の受刑者の熱心な読経の声が響き渡った。

日蓮宗感応寺住職
伊《い》藤《とう》通《つう》明《みょう》さん（80歳、静岡市在住）

如《にょ》蓮《れん》華《げ》在《ざい》水《すい》

法華経従地涌出品第十五にある。社会で生活しながらも周囲の汚れに染まらない。それはちょうど、蓮華の花が汚水の中に根を張って、汚水に染まることなく、美しい花を咲かせるのと同じ。

▼刑務所で教誨

―初めての経験で少し緊張しました。各受刑者の先祖供養の後、三十分ほど話をされました。刑務所での教誨はふだんの説法と違うのでしょうか。

「いえ変わりません。要は人がどのように生きるべきかということですから」

―きょうは、因果応報についての話をされました。

「人の未来は決まっていない。自分の未来は自分で決める。結果の責任は、自分の責任ということです。西洋の考えでは、悪い原因から悪い結果しか出ない。これが因果ということですが、仏教では因果の間に一語入る。『縁』ということばです」

刑務所を「心の病院」にたとえた。受刑者は心の病気になったのだから、早く退院するために職員の指導、外部講師の教え、友人、良書などで良縁をつくれ、良縁を得れば心の病気は治るなどと励ました。

―本当に分かりやすい話でした。受刑者の人気も高いと聞きました。

「若いころには難しい熟語を選んで話をしたことがあります。でも、自分で分からない話では相手には響かない。学校ではないし、学問を教えるわけではない。仏教の話を自分の体験を基にやわらかく話しています。悪因悪果では救いがない。当然、悪因良果、良因悪果もある。『因縁果報』には救いがある」

―「良縁」をつくるのは難しいのでしょうか。

「実は宗教界の最大の問題でもあります。今世紀中には、お寺の在り方も変わってしまう。檀家制度にあぐらをかいていた時代は終わった。現在のように坊さんも悪口を言われている間はいい。周囲から何事も言われなくなったらおしまい。若い僧侶らが率先してボランティアでも何でもいいから取り組んでほしい。独り暮らしの老人を訪問したりして、地域との良縁をたくさんつくっていかなければならない」

一九六四年から保護司を四十年間、七二年からは教誨師を兼任する。

—いろいろなことがあったのでしょうね。

「清水駅からタクシーに乗ったときの話です。途中で運転手はメーターを切ってしまった。運転手は『これくらいのことは自分の裁量でできる』と話した。わたしは横顔を見ても思い出せない。『先生の話をよく聞きました』と言われ、すぐに元受刑者だと分かった。まじめにやっていて社長からかわいがられ、海外旅行に行かせてもらった、と話してくれた。本当にうれしかった。新幹線に乗っていて、隣に座った商社マンタイプの男性が先生もお元気でと、名刺をもらったことがある。やはり元受刑者だった。保護司でもいろいろな経験をさせてもらった。百人に一人、二十人に一人、いえ、全員が更生してくれる可能性を信じて頑張ることができる」

▼違いを認め合う

感応寺に生まれ、七歳のときに僧侶になる決意をしている。

「軍国主義に国全体が覆われていた時代。お袋が坊さんは海軍大将、陸軍大将よりも偉い人だと教えてくれた。あのことばをいまでもはっきりと覚えている。いかなる職業の人よりも指導的な立場に立つのが坊さん。そう言われてうなずくことができた。物心つくころには坊さんになるのが当たり前と思っていた」

大学二年の昭和十九年、陸軍特別操縦見習士官（特攻隊）に仲間五人で志願。肋骨《ろっこつ》カリエスになり、特攻隊採用は見送られ、一兵卒として福岡で終戦を迎えた。

「特攻隊に漏れたときは悔し涙だった。仲間のうち三人が特攻隊で亡くなり、一人生き残った仲間もいまはない。いまとなっては幸運だったのでしょう。三島の連隊、福岡、佐賀と移動しましたが、いずれの場所でも良縁に恵まれた」

九〇年から四年間、日蓮宗宗務総長を務め、九二年、二〇〇〇年に世界宗教者平和会議に出席、ローマ法王らと懇談している。日蓮宗に海外ボランティアに取り組む国際課を創設した。

「どんな宗教でも宗派を超えて違いを認めることが大事。富士山の頂上は一つだが、登り口はいろいろある。一神教もあれば、多神教もある。主義主張にも違いはあるだろうが、目的とするところはみな同じ」

―どのように考えればいいのでしょうか。

「ユダヤ教の教えに『他人と違う人間になれ』ということばがあります。人間はすべて同質ではなく、異質の部分を数多く持っている。あいつにできたが、おれにはできない。そんなことはいくらでもある。あいつにできないが、おれにはできる。人間は万能にはなれない。だからそれぞれが認め合い、さまざまな活動をしていく」

感応寺
静岡市駒形通1-5-5
電　054-252-1414

感応寺の旧本堂は耐震問題で取り壊され、現在、新本堂建設計画が進む。「若い人たちに寺へ来てもらいたい。時代の最先端をいく建物にしたい」。多くの良縁が生まれる場所になるだろう。

静岡刑務所の細長い和室の教誨室。実は廊下だったものを改築した。伊藤住職の話を熱心に聞く受刑者＝静岡市東千代田

【教誨師】

全国の刑務所、少年院でも信教の自由は保障されている。受刑者の信仰心を培い、徳性を養い、更生する契機を与える活動をしているのが、民間の篤志宗教家による教誨師。各宗派の教義に基づくグループ教誨、肉親や被害者らの命日に個人教誨なども行う。仏教、神道、キリスト教などの分野に分かれ、県内では静岡刑務所を中心に十四宗派三十三人の教誨師が活動している。

曹洞宗大本山総持寺典座
小《こ》金《がね》山《やま》泰《たい》玄《げん》さん（54歳、藤枝・観音寺住職）

料理の基本は母の味

禅寺では料理の責任者を典座《てんぞ》と呼ぶ。曹洞宗の大本山総持寺（横浜市鶴見）典座を務めるのは、藤枝市瀬古の観音寺住職小金山泰玄老師（54）。常時百人を超える修行僧のほか、総持寺を訪れる信徒らのために毎日三百五十から五百五十食を用意する。典座寮という調理場で若い修行僧らを使いながら料理をつくる。その合間に精進料理教室などでも引っ張りだこ。圧倒される大きさの山門を抜けると、大伽藍《がらん》の地下に典座寮があった。

精進料理

湯葉ご飯、菜の花のおひたし、胡麻豆腐などが供される。修行中の雲水が案内して総持寺の見学拝観料が付いて2400円で食べることができる。

――曹洞宗では典座は特別の役職と聞いていますが。

「開祖の道元禅師が『典座教訓』を著しているからでしょう。禅寺で料理を作る者の心得が書かれています。これは他の宗派にはありません」

▼すべてが修行

二十四歳の道元が中国に上陸するのを待つ船中に、阿育山広利寺の老僧がやってくる。老僧は典座で日本のシイタケを買いにきた。道元は老僧に「どうして典座など煩わしい仕事をして、座禅や読書に専念しないのか。若い修行僧に任せておけばいいのではないか」などと尋ねる。老僧は「あなたは修行とは何かを知らない」と答えた。

「道元禅師以前の日本の仏教は、料理は下働きに任せ、食べることをばかにしていた。頭ばかりを優先していたのですね。道元禅師は中国の老典座に『若いおまえは何も知らない。他人がやったことは自分でやったことにはならない。修行というものは自分がやるものだ。いまを外していつやるのか。一挙手一投足が修行だ』と教えられたのです。人間の目は横、鼻は縦についているという、当たり前のことを認識し、すべての生き方を体得して日本に帰られた。呼吸し、食べなければ死んでしまう。食べることに重きを置くのも当たり前のことなのです」

――日本の料理の原点がそこにあるのですね。

「日本人はいただきますと挨拶《あいさつ》し、威儀を正して食事をしていました。終わればごちそうさまでした、と料理をつくってくれた人に感謝する。これが日本料理です。どんな料理にも真心が込められている」

修行僧は午前四時に起床、座禅、お勤めの後、梅干しなどが付いた玄米粥《かゆ》が朝食、昼は作務などの後、一汁一菜、夜は一汁二菜。非常に質素であり、食事の作法も厳しく定められている。

―信者も同じものを食べるのですか。

「原則的には修行僧と同じですが、お客様にはもっと多くの皿が付きます。やはり、お寺の精進料理を楽しんでもらいたいから」

京都出身。父親の廓道《かくどう》老師（故人）が観音寺住職となり、六歳の時、藤枝へ。曹洞宗の修行道場・豊川稲荷（妙厳寺）関連の高校から、福井・発心寺でさらに修行を積んだ。廓道老師が発心寺住職を務めた関係で、一九七四年から観音寺住職を務める。

「檀家は一軒もありませんでした。暇にしていたのを見かねたのか、友人から『精進料理を食べさせてくれ』と言われたのが、料理をつくった始まりです」

―料理でも何か特別の修行があったのですか。

「料理は全くの素人。発心寺の修行で台所仕事は回ってきましたが、わたしが特別に上手だったというわけではありません。言えることは、おふくろの味が料理の基本にあるということです」

▼〝四顧の礼〟

―なるほど、母親の味ですか。

「おふくろは畑仕事をしていた関係か、甘辛い味付けが好きでした。貧乏寺で自給自足といった暮らしでしたから、いつもおふくろの料理が楽しみでした。現在、九十三歳になりますが、寺で精進料理を始めた時は煮物を手伝ってくれました。料理を始め、他で何かを食べるときは、一品でも味を盗むことを心掛けました。料理は舌と目で覚えます。上手な人の動作をどのように盗むことができるかです」

観音寺の精進料理は評判となり、七六年に保健所の許可を取った。

―精進料理のよさはどこにありますか。

「やはり、野菜のおいしさを引き出すところでしょうか。野菜の味が分かるように昆布、シイタケのだしを使います。花鰹《がつお》などでは強すぎます。最も重要なのは、塩を上手に使うことです。わたしは小松菜、ナス、三つ葉、ホウレンソウなどのおひたしが好きです。甘味を感じさせない塩加減、砂糖は隠し味で使います。塩味がまろやかさ、甘さを引き立てるこつです」

典座への誘いは総持寺だけでなく、大本山永平寺からもあった。

―三度も典座職を断ったと聞きました。

「平成元年ころに永平寺に手伝いとして来ないか、という話がありました。でも、わたしは住職のお披露目と言われる晋山《しんざん》式をやっていなかった。本山に上がるには晋山式はどうしても必要。貧乏寺でそこまで手が回らなかった。それに精進料理を提供するために客殿を借金して建てたから、ここを離れるわけにはいかなかった」

観音寺
藤枝市瀬古1-2-1
電　054-641-8207

総持寺
横浜市鶴見区鶴見2-1-1
電　045-581-6021

当時の総持寺貫首の板橋興宗禅師から四度目の要請があり、二〇〇二年一月から典座に就いた。

「これまでと同様におふくろの味をつくっているつもり。本当の煮物の味、和《あ》え物の味はそこにあります」

小学生五十人ほどを集めて、夏休みの早朝座禅会や合宿なども実施してきた。「百万言しゃべるよりも、心のこもった料理がおいしいと知っているのは子供ですよ」

総持寺の大伽藍の地下にある広い典座寮で忙しく働く小金山老師（右）

【典座《てんぞ》】
禅寺には六人の知事がいる。知事とはさまざまな役職を担った管理職で、現在の都道府県知事の語源。典座も知事の一人で、修行僧らのために食事を作る。曹洞宗では昔から道心が備わった高潔な修行僧がこの職務につく。道元は「典座教訓」のほかに、典座が心を込めた食事を頂くときの作法「赴粥飯法《ふしゅくはんぽう》」も著している。食事中に話をしない、食器は必ず両手で持つ、食べ物を残してはいけないなどの教えはそのまま現在に通じる。

臨済宗妙心寺派自然庵主
梅《うめ》原《はら》諦《たい》愚《ぐ》さん（81歳、静岡市在住）

忍《にん》之《の》徳《とく》

仏陀が亡くなるときに説法した遺教経にある。「功徳の利を失す。忍の徳たること、持戒苦行も及ぶ能《あた》わざる所なり」。仏陀の苦難に満ちた人生から、出家者に自我を超え、自我を捨て、耐え忍ぶことを教えた。

「己の価値」を生きよ

三十歳を過ぎていた。すべての財産、家族を失い、放浪の旅に出た。京都・舞鶴から汽車を乗り継ぎ、金がなくなってから歩き続けた。空腹に耐えかね「座禅をさせてくれ」とくぐったのが、鉄舟禅寺（静岡市清水村松）。そのときの出会いが人生を変える。「自然《じねん》庵《あん》」と呼ぶ静岡市下の自宅離れに、臨済宗妙心寺派閑栖《かんせい》（隠居の意味）の梅原諦愚さん（81）を訪ねた。

――もう五十年も前の話になりますが。

▼太っ腹の師匠

「鉄舟禅寺住職は高津《たかつ》一渓《いっけい》老師（故人）。師匠は五十歳をちょっと超えていた。その後、布教師として全国を歩いたが、うちの師匠のようなすごい坊さんに出会うことはなかった。わしが座禅をさせてくれ、と寺に入ってから二日ほど飯を食べさせてもらい、掃除など手伝っていた。三日目くらいだったと思う。まだ、名前も何もろくすっぽ知らない赤の他人だ。突然、預金通帳と実印を預けて、隠居が亡くなったので静岡まで行って五万円ほど出してきてくれ、と頼まれた。通帳には全財産七万円ほど入っていた。当時は月給取りでも百円取らなかった。わしがそれを持って逃げたらどうなったか。度肝を抜かれてしまった」

――それで僧侶になられたのですか。

「もう一つ、度肝を抜かれた。これはもう坊さんになるしかないと思った。師匠は寺を二つ任されていた。葬式ができたから枕経に行ってくれ、と頼まれた。『行ってくれ、と言われてもお経など知らない』と言うと、『時間が三時間ほどあるから、なるべく覚えて行け。もし、分からなくなったら鉦《かね》をチンと打っておけばいい』。それで、頭を剃《そ》ってもらい枕経に行った。冷や汗がびっしょり出た。戻ってきたら、『よかった、よかった』と褒めてくれた。師匠は何でも『よかった、よかった』と言ってくれた。あんな太っ腹な人間にはちょっとなれない」

鉄舟禅寺に二年ほどいて、修行道場の臨済寺（静岡市）に入る。後に臨済宗妙心寺派管長となる倉内松堂老師（故人）らと出会う。

—「諦愚」という名前も高津住職が付けたのですか。

「師匠は山口県の出身で、吉田松陰や乃木希典らと関係があった。それで、松陰か諦愚にするかと言われて、諦愚にした。愚というのは自分を超えた世界、諦は明らかにするという意味。自分を超えた世界を明らかにして、身に付けろという願いがあった。それで俗名は捨てた」

妙心寺で布教の修行を経て、常在布教師となる。二十年間、全国の寺院を回り、妙心寺教化センター所長、教学部長を務めた。

▼人を育てる仏教

「明治の廃仏毀釈《きしゃく》の嵐の中で、山岡鉄舟は『忠孝』という価値観を優先する仏教、国民教化という仏教を主張して、曲がりなりにも仏教を残したが、仏教も忠君愛国などの国策に組み入れられた。だから、人間を育てる仏教は戦前にはなかった。戦争に負け、民主主義の世の中になった後も、人間を育てる仏教にはならなかった」

—どういうことですか。

「教条主義と言うか、ほとんどの人が言われた通りのことしかやっていない。問題意識がない。枠にはめられてしまっている。道徳、常識、世間体で生きたら、人間の価値を失ってしまう。自分自身の心を失ってしまう。金や名誉に弱くなって、自分自身の心さえ忘れてしまっている。名利に侵された人間の悲しさよ。仏教はそれを教えなければならない」

十年ほど前、自坊の菜流寺住職を譲り、自然庵で訪れる人々の相談に乗るとともに、市内で二つの説法会を続ける。

「先日、三十三歳にもなる息子が部屋に閉じこもっている。何とかしてくれ、という相談が母親からあった。この男性は医学部を卒業して、医師になることを期待されている。本人が相談に来たわけではない。三十代になっても親が相談に来ることに問題がある。親がかまいすぎる。母親がしっかりしすぎている。わが子という執着の中で子供を見ている。子供に問題があるように思えるが、実は親にある」

舞鶴市生まれ。高等小学校を出て、大工の棟梁《とうりょう》だった父親の仕事を継ぐ。徴兵され、終戦時には陸軍経理建技教育隊にいた。舞鶴に戻り、建築業の仕事を始めたが、請け負った京都府営住宅建設の仕事で大きな借金を抱え、破綻《はたん》した。

「多くの友が戦争で亡くなった。復興のために力を尽くすのが使命だと思えた。府営住宅は台風でやり直しがあり、さらに朝鮮動乱の特需で建築物価が倍以上に跳ね上がり、請け負った代金ではできなくなった。家屋敷をはじめすべての財産を失った。愛想をつかして妻子は実家に戻ってしまった。何もなくなった。すってんてんだ。多くの友を失う痛手の中の失敗だった。死のうかとさえ思った」

――座禅することで救われるのでしょうか。

「そのときは分からなかったが、いまならば、はっきりと言える。座っていれば、いやでも自分自身を考えざるを得なくなる。行き詰まったとき、何もせずに動かずにいれば、自分の内側をのぞくことができる」

座って何かを書く時間が一番長い。子供へ向けて、生きる意味を伝えようとする。


【ホンモノ人生】

諦愚師が中学生向きに自費出版した冊子の題名。当初二千部、その後、三千部をつくった。悩みを抱え、自然庵を訪れた中学生に「河原へ行くこと」を勧める。水の流れを見たり、寝転がって、雲の行く大空を眺めたり、山の風景を見ることでモヤモヤがなくなって、心が和んできた、と中学生は素直に話す。諦愚師は具体的にどうすれば、悩みがなくなるのか丁寧に回答する。外側のさまざまな価値に振り回されず、自分自身で決めた価値を生きることが「ホンモノ人生」だという。

「沙羅の会」は10年続いている。梅原さんの指導で法句経を解読する＝静岡市登呂4丁目の岩永さん宅

自 然 庵
静岡市下1185-4
電　054-294-1687

曹洞宗修行道場可睡斎後堂

吉《よし》野《の》真《しん》常《じょう》さん（49歳、修善寺・龍泉寺住職）

「いまここ」を生き切る

人は何のために生きるのか。学生時代、その大命題に悩み、その答えを座禅に求める。厳しい修行に身命を投げ出す覚悟だった。秋葉三尺大権現をまつり、秋葉の火祭りで知られる曹洞宗の修行道場可睡斎（袋井市久能）の後堂《ごどう》吉野真常老師（49）。後堂とは雲水を指導する僧堂の師家《しけ》。集中的に座禅を行う宗門の伝統行事・摂心《せっしん》の最中に可睡斎を訪ねた。

佛《ほとけ》さまといっしょ

放浪の俳人種田山頭火に「生死の中の雪ふりしきる」がある。雪降りしきる中に、仏は「いつでも、どこでも」一緒にいることを表現した。篤《あつ》い信仰心があれば、仏と一緒にいることができる。

―提唱《ていしょう》（難解な仏典を老師の経験に基づいて分かりやすく説法する）を聞かせてもらいました。ことしから摂心に一般の人も参加できると聞きましたが。

「十人ほど参加していますが、一人は初日で帰ってしまいました」

―それほど厳しい修行だったのでしょうか。

「八時間ほど座禅がありますが、それほど厳しいとは思えません。三十代の男性でした。父親が申し込んで参加したのですが、本人にはつらかったのかもしれません。ここに来れば、安心が得られる。求めていたものが違ったのでしょう」

▼生きる目的

大仁町の生まれ。父親はふつうの会社員。北海道の畜産大学在学中に出家の道を選んだ。

「高校時代から対人恐怖症でした。一人で散歩したり、釣りをしたりするのが好きで、他人と目を合わせることさえできなかった。自然や動物が好きだった。ただ、強くなりたいとは考えていた。大学生になって、人は何のために生きているのか、という問いに自分なりに答えを出そうとしました」

夏休みに帰郷、大仁町の医師らが主宰していた座禅会に出席。「宿無し興道」の異名で知られる沢木興道老師（故人）を師匠とした太田洞水《とうすい》老師に巡り合う。

―それで答えが見つかったのですか。

「ええ、簡単だった。みんな幸せになりたい、それが生きる目的だった。なぜ、お金がほしいのか。なぜ、他人を殺すのか。なぜ、戦争が起きるのか。それぞれが幸せになりたいから。しかし、それでは生きていることにはならない」

——と言いますと。

「ちょうど桃の花がきれいな季節だった。太田老師はわたしに『花を見なさい、花は他人に褒められようとか、きれいに見せようとかと咲いているのではない。花はただ一生懸命咲いている。生命を全うしようとしている』と教えてくれた。いつも何かを追っていた。これは何のためかという理由ばかり考えていた。いまを生き切っていない。生命を全うするのであれば、幸せにならなければつまらない」

そこから「只管打座《しかんたざ》」の修行が始まった。雲水と同じように座禅、水垢離《みずごり》、板の間での生活を行うだけでなく、断食など苦行にも挑戦。二年後に太田老師が亡くなる。両親を説得して、修善寺町堀切、泉龍寺の丹羽円宗住職（後に修禅寺住職）の元で得度を受ける。「たらっと生きていたくなかった。仏道とは死ぬことと見つけたり。そのころ、そんな思い込みがありました」

▼ひたすら修行

盛岡の修行道場報恩寺に入り、住職の関大徹老師の行者《あんじゃ》（師匠の身の回りの世話をする僧侶）となり、四六時中生活を共にした。

「もっと座禅をしなければ満足できない。周りがいい加減に見えた。修行が甘いような気がして、関老師にもっと厳しい修行がしたい、と願い出た。宗派は臨済だが、『鬼の僧堂』と呼ばれる岐阜・美濃加茂市の正眼寺《しょうげんじ》を勧められた。八十歳の師匠が山門まで送ってくれた。今生の別れだった。別れるときには涙が出た」

―正眼寺の生活はいかがだったのですか。

「現在の正眼寺住職山川宗玄老師をはじめ、常に二十から三十人が修行していた。生活は単純だった。ひたすら座った。爪《つめ》が落ちるという経験を二度した。四年ほどいて、修禅寺に戻ったが、その後も大摂心の手伝いに通った」

さらに専門僧堂を復活させた板橋興宗住職の金沢・大乗寺に籍を置いた。一月初旬から二月三日まで毎日続く寒中托鉢《たくはつ》は素わらじで氷水を踏みしめる厳しい修行で知られる。

「板橋禅師に最初に会ったときはとぼけているなあと思った。それが修行で再び、相まみえた時には本当に肩の力が抜けていることが分かった。以前には分からなかった。気さくでにこにこ笑っていらっしゃる。禅僧は厳しくなくてはならないと考えていた。怒って怒って、叱《しか》り倒す。それでいいと思っていた。板橋禅師についていて、自我を取り除き、自分が見えてきた」

―何が見えたのですか。

「ここを生きているということです。いまここ。いまここが目的。いましか生きていない。いまここで完結している。それは結局、太田老師がおっしゃったことと同じだった。二十代のころには確実ではなかった。どこかで探していた。それがはっきりと見えた」

大乗寺は外国からの修行僧が多く、自然体で英国に一年間留学、禅の伝道をする。その

可睡斎
袋井市久能2915-1
電　0538-42-2121

後、ヨーロッパへ度々出掛けている。大本山総持寺貫首となった板橋禅師の要請で総持寺単頭《たんとう》（後堂の補佐）を務め、昨年七月から可睡斎後堂に就いた。

―実は、可睡斎の伊東盛熈《せいき》斎主（総持寺監院《かんにん》＝運営に関する一切の職能を有する全山の実質上の総僧責任者）に取材を申し込んだのですが、伊東住職はしばらく沈黙後「わたしよりも、そちらの申し出にふさわしい僧侶がいる」と答えました。

「そうですか。本当にわたしでよかったのでしょうか」

自坊は修善寺町大平の龍泉寺。五人の弟子が修行する。「いまここ」を生き切る。

「いまここ」を雲水や一般の参加者に分かりやすいことばで説明する吉野さん（左）

【只管打座《しかんたざ》】

禅宗の修行の中心は座禅。曹洞宗は只管打座といって、壁に向かってただひたすらに座禅に徹することを重視する。臨済宗では「公案禅」と言って、人と向かい合って座り、一つの問題について考え、その答えを求める。曹洞宗では「黙照禅」と言い、黙って座り、悟りの中にある自分、自分の本性に悟りがあることをおのずから知る。姿勢がゆがんでいるのは心がゆがんでいる。同時に呼吸を整え、仏の行・只管打座に徹する。

心を観て仏と一体化

出家を志願する若者、中高年が増えている。僧侶を目指したとき、どうすればいいか。寺院住職たる見識とは何か。日蓮宗の僧侶資格に必要な僧階講座を開設する立正大学仏教学部宗学科教授で、仏教学部長を務める庵谷行亨さん（55）＝静岡市沓谷、日蓮宗宗長寺住職＝。東京・大崎にある立正大学は、最新のビル群が建ち並ぶ。建学の精神が記された四つのポールを抜け、眺めのいい七階の学部長室を訪ねた。

立正大学仏教学部長

庵《おお》谷《たに》行《ぎょう》亨《こう》さん（55歳、静岡・日蓮宗宗長寺住職）

立《りっ》正《しょう》

日蓮が北条時頼《ときより》に提出した「立正安国《りっしょうあんこく》論《ろん》」による。大学名の由来。当時、各地で天災地変が起きている中、国家を災難から守り、安泰させるためには政治に思想を持たせ、政治理念をただす必要性を訴えた。

▼葉が落ちる瞬間

—京都のご出身だ、と聞きました。

「丹後の久美浜という田舎の出身です。港町ですが、師父（行随さん、故人）が住職をしていた妙谷寺は山の中にあり、檀家二十数軒という小さな寺です」

—最初から僧侶になろうと考えたのですか。

「いえ、貧しい寺ですから、父も僧侶となって後継することを期待していないようでした。僧侶を考えたのは、葉っぱが落ちるのを目撃してからです」

—えっ、どういうことですか。

「高校生のときでした。休み時間に教室では生徒が大騒ぎしていました。わたしはふと、窓の外に目をやりました。いつも見ているポプラの並木。じっと見ていると、その一本の枝に付いている葉がポロッと落ちたのです。はらりと落ちていく静寂の世界、わいわいがやがやとした喧騒《けんそう》の世界。その対比を強く感じました。多分、宗教的な体験を意識したのでしょう」

—それで、立正大学を選んだのですか。

「ええ。宗教の勉強をしてみたいと考えました。でも、大学に進学できるほど裕福ではありません。日本育英会と宗門の奨学金を得られることを知り、立正大学に決めました」

仏教学部は宗学科、仏教学科の二学科。僧侶を目指す学生は宗学科を選ぶことが多い。

「お経や作法については師父から教えてもらっていましたが、専門的な勉強は初めて。中でも、宗学概論に深い感銘を受けました。日蓮聖人の教えをまとめたものです。人間の英知を超えていると思いました」

僧侶になるためには菩提寺の住職や有縁の師を師僧として得度を行う。度牒《どちょう》（宗派の得度認証書）を受けて僧籍簿に登録、総本山久遠寺（山梨県身延町）の信行道場で三十五日間の修行に入る。その前に、所定の教理教学を修得する。

「わたしの場合、父を師匠に得度を済ませていました。教学は、大学では十五科目五十単位の僧階講座を受けます」

「宗学概論」「開目抄講義」「観心本尊抄講義」「法華経概論」「仏教カウンセリング」「法要実習」などを学ぶ。

—それぞれの単位を一年で取得するのですか。

「まあ、そうですが、わたしは六年間、宗学概論に取り組みました。まだまだ学び足りません。学ぼうと思えば、切りがありません」

—どういうことですか。

「学ぶことが自分自身の生きる姿勢につながります。いかに仏の心を見つめながら生きていくことができるか。いかに日蓮聖人の教えの中で仏の真実に近づけるか。教えの理解にはさまざまな解釈があり、結論が出るものではありません。求めている過程が人生なのです。完成した人間はいません。それが何かを明らかにしようと目指して生きているのです」

▼受持と観心の研究

日蓮の教えにおける「受持論《じゅじ》」が修士論文、「観心論《かんじん》」が博士論文。三十年以上にわたる研究テーマだ。「日蓮聖人教学研究」「日蓮聖人の観心論」「日蓮聖人教学の基礎」など数多くの著作を持つ。

――「受持」「観心」とも初めて聞きました。

「『受持』とは仏の教えを受け持《たも》つことです。『観心』とは観仏、観法ということばで考えてみてください。よくご存じの『念仏』。これは本来は、仏を念じることです。それと同じように観仏とは仏を観《み》る、観法とは仏の教えを観る、観心とは心を観ることです。単なる心ではありません。仏に抱かれた己の心、自分の本質を観ることです。観るとは自身と仏とが一体化することです」

――日蓮がどのように仏を受け止めていたかを研究しているわけですね。

「日蓮聖人は仏の真実を純粋に求めていき法華経に巡り合った。シルクロード、中国そして日本に渡来して仏教は大きく変化しています。どれが真の仏教か。時代や民族が変わっても、みんな仏教であることに変わりありません。仏の本意に基づいて『今』を生きることの指針を日蓮聖人は、法華経の教えを受け止め、使命感をもって人々に布教した。布教は信仰という主観の客観化です。自己がどう生きるかが宗教だとすれば、客観化は不可能かもしれない、独善になる恐れもある。しかし、仏を求め仏に近づくことで理論を超える。仏の世界においてより高次な理想的な人格の形成を目指すのです」

宗長寺
静岡市沓谷1316-9
電　054-261-3338

――非常に難しいですね。

「道元禅師、親鸞聖人などと違い、日蓮聖人は理解されにくい宗教者かもしれません。それは仏の真実に自己を見いだそうとした特殊性にあります。そのため、仏の真実に違背する者に厳しく当たり、逆に迫害を受けます。社会とのかかわり合いの中で教えを説き、教えを実現させようとしたのです」

副住職で妻の妙慧《みょうえ》さん（53）とともに縁あって宗長寺を守る。「副住職はカウンセラーの資格を持っています。それもあって多くの人がさまざまな相談に訪れる。副住職のほうがわたしより人気がありますよ」。難解な教学探求から自坊の話となり、初めてにこやかな笑みがこぼれた。

【法華経《ほけきょう》】

法華経は仏陀の滅後四百年から五百年を経た、西暦五十年から百五十年くらいの間に成立した大乗仏教を体系的に統一する経典。すべての教えを統一する一乗法、すべての仏を統一する久遠の仏、仏の教えを信仰し実践する理想的人格者（菩薩）を説き示している。最澄は比叡山延暦寺を仏教の根本道場とし、法華一乗の教えに立脚した日本天台宗を弘めた。その後、日蓮は法華経を根本とした仏教体系を樹立した。お題目「南無妙法蓮華経」を唱えることで法華経の真理と一体になる。

「真実を求め至誠を捧げよう」など石橋湛山元学長が日蓮の教えを現在のことばに表現した「建学の精神」のポールが建っている＝立正大学構内

臨済宗妙心寺派平田寺《へいでんじ》住職
竹《たけ》中《なか》玄《げん》鼎《てい》さん（84歳、相良町在住）

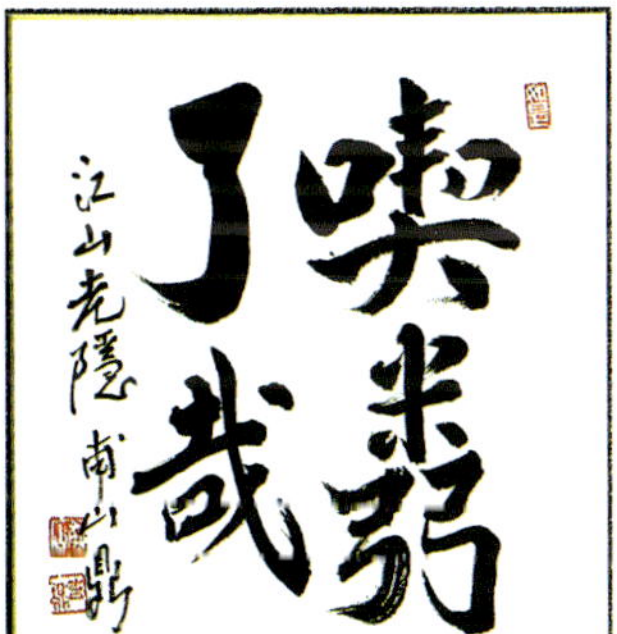

喫粥了哉《きっしゅくりょうや》

禅の公案集従容録にある趙州和尚のことば。「ご飯は食べたか」の問い。「喫茶去《きっさこ》」（お茶を飲んでいけ）などの禅語と同様に、当たり前のことを当たり前にやれ、という意味という。

死病越え、幸せ説く

「丁種不合格」。徴兵官は一人ひとりに大きな声で合否判定を宣告する。「甲種合格」「第一乙種合格」の威勢のいい判定と違い、その沈んだ声に一瞬、空気が固まった。一九四三年の学徒出陣。事実上の全員徴兵の時代に、用なしの烙印《らくいん》を押された。検査に当たった下士官がやせた体を小突き回し、眼鏡は向こうに飛んだ。まるでくず扱いだった。「ばかにしやがって」。怒りを静かに胸に秘めた。相良町大江の臨済宗妙心寺派平田寺に竹中玄鼎住職（84）を訪ねた。

▼仏教書読み耽る

—ご住職、六十年以上前のあなたですね。

「ああ、そういう戦争の時代だった。小突き回されて、人間扱いされなかった。それでも、恥辱とは思わなかった。銃を持つ右手が上がらないのだから、軍隊では使い物にならない。徴兵官、大佐だったと思う。『いま、国家は一人でも多くの戦力が必要だが、残念ながら、おまえでは仕方ない。丁種不合格』。そう言い渡された。さすがに復唱する時は本当につらかった」

榛原中学三年の時、右肩胛骨《けんこうこつ》カリエス（結核によって骨が破壊され、壊死物が膿状に流出する骨の病気）に侵された。抗生物質はなく、当時、結核は死病と呼ばれた。

「静岡日赤病院に両親が呼ばれ、検査結果をわたしにではなく両親に告げた。本人に伝えるのがかわいそう。それだけ、恐れられていた病気だった。何かの特効薬があるわけではなく、毎日、きれいに消毒して、日光浴を行い、栄養を取るしか治療法がなかった。母は大勢の家族の中でわたしにだけ貴重だった卵や肉を食べさせてくれた」

足利尊氏の伯父竜峰宏雲禅師が創建した七百年以上の歴史を持つ古刹に生まれた。師父の玄徹《げんてつ》住職を中心に兄弟、弟子ら含めて十五人以上の大所帯で育った。

「最悪の場合は死、完治の可能性はなかった。だから、母はそんな贅沢《ぜいたく》を許してくれた。自暴自棄に陥るわたしを励まし続けた。膿漏《のうろう》が始まり、悪臭のする膿《うみ》が腋《わき》の下に当てた脱脂綿やガーゼをびしょびしょに濡《ぬ》らした。驚くほどの量だった。ある日、学校の机に〝臭才《しゅうさい》〟と白墨で落書きがあった。仲間からいじめがあったわけではないが、臭いことでの引け目があった」

四年になって休学、入退院を繰り返す。膿漏の患部から雑菌が入り、高熱を発し、激痛が伴う瀕死《ひんし》の状態が続いた。

「死への不安、恐怖はあったが、切迫感はなかった。退院でき、自宅療養していても、周りから勉強をせっつかれることもなく、蔵の中にあった仏教書などを読み耽《ふけ》っていた。『国訳一切経』に男女関係や肉体的な生々しい悩みについて詳しく書かれていた。若い時の欲求不満がどうして生まれるのか。教典の中には何でも書いてあった。抽象的と思っていた仏教が身近になった」

中学卒業後、ギブスは取れたが、右手を上げることはできなくなった。早稲田第二高等学院から早稲田大文学部東洋哲学科に進む。

「仏教思想を学びたかった。さらに、大学院に進み、学者になりたかったが、父はわたしにはそんな能力がないことを見抜いていた。卒業論文は『中岩円月』という五山文学の禅僧の著作を選んだ。口頭試問で自分の引用した文章を読むことができず、しどろもどろのひどい状態だった。どういうわけか小野梓賞を頂いた。兵隊に行かずに済んだのだから、学者になればよかったのだが、わたしのような甘い者には無理だったのだろう」

▼宗教者は伝道者

戦時中、戦後も高校教師を兼任し、数多くの子弟らを育てた。五五年に住職を継ぎ、七三年から四年間臨済宗妙心寺派教学部長、八八年からは宗務総長を務めた。文化庁宗教審議会委員なども歴任、歯に衣着《きぬ》せぬ、小気味いい物言いは現在も変わらない。

「ご覧の通りの老いぼれですから、話すことはありませんよ。ただ、坊さんをずっとやってきたから坊さんのことは話すことができる」

瀬戸内寂聴、玄侑ら仏教に関係した話題の著作には必ず目を通す。

「河合隼雄、中沢新一両氏の対話シリーズを読みましたが、これは感心できなかった」

――どうしてですか。

「飛び切り頭のいい二人が仏教を好きだと言っている。ただ、好きだと言っているだけだ。一般の人たちにどれだけ理解できるか。おれたちが仏教を好きだと言うのとは違う。頭のいい人が頭で考えた仏教のよさだ。念仏を唱えているわけではない。毎日念仏を唱えていれば、法然や親鸞のことばが聞こえてくる。托鉢《たくはつ》して一円、十円を頂くありがたさが分かっていない。作務《さむ》をやるということが仏教とどう結びついているか分かっていない。本当に仏教に救われたいと思う人には役に立たない」

――芳しくない僧侶の評判を聞くこともありますが。

「坊さんにもろくでもない者もいるのは確かだ。坊さんが甘ったれている。じゃあ、おれが厳しいかと言えば、そうじゃないかもしれないな。葬式仏教の批判は多いが、おれはそ

平田寺
相良町大江459
電　0548-52-0492

う思わない。宗教者は伝道者だ。葬式と言えば、不特定多数、百人、二百人が来る。そこで何かを伝えたい。布教することを考えなければ意味がない。ただ利益追求では行き着くところは決まっている。本当の人間の幸せとは何かを教えたい」

　檀家の家族名簿を作り、小学校、中学校入学、成人式など区切りに手紙を付けて本を贈る。四十年間で二千五百冊以上にも。「時代遅れかもしれないが、本の良さはおれが一番よく知っている」

【戦争と仏教】

「日本人の『戦争』」（河原宏著、築地書館）、「禅と戦争」（ブライアン・アンドルー・ヴィクトリア著、光人社）など戦争と仏教の関係を考察している。早大名誉教授の河原氏は「太平記」に登場する北朝の天皇だった光厳院が打ち続く戦乱に世をはかなみ、出家して諸国行脚に出ることから、天皇が神道の最高神主から一仏弟子の身に移る意味を、仏教はすべての生ける者を衆生として平等に見る視点であり、戦争の罪跡を人間存在のものの深みからとらえる視点と考えた。「日本人にとって身に付いた平等理念は、最も純化された上での仏教思想に見いだすほかはない」と述べる。

子供らに本を贈るのも、自分のために本を買うのも好きだ、という竹中さん

お経も短歌も「情感」

歌人
福《ふく》島《しま》泰《やす》樹《き》さん
（60歳、東京・下谷、法華宗本門流法昌寺住職）

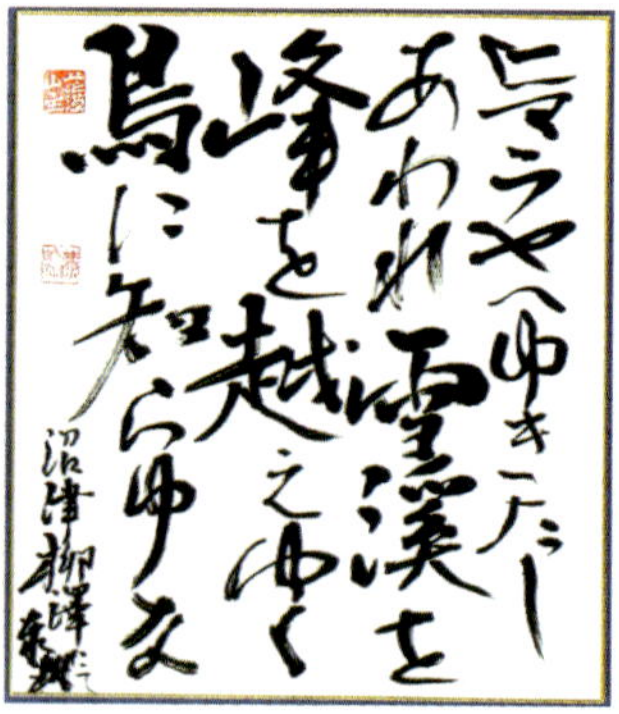

ヒマラヤへゆきたし
あわれ雪渓を
峰を越えゆく
鳥に知らゆな

沼津・柳沢の妙蓮寺時代に上梓した第3歌集「晩秋挽歌」にある。1973年の作。東京・新宿の酒場でインドへ一緒に行く約束を立松和平氏とするが、本堂再建に奔走し、約束を破る。立松氏は一人、インドへ旅立った。

一九七〇年秋から七年間、沼津市柳沢の法華宗本門流妙蓮寺住職を務める。歌集「晩秋挽歌」「転調哀傷歌」「凪に献ず」などを沼津時代に出版。そのころから、自歌をパーカッション、笛、ギターなどの演奏で朗読する。題して「短歌絶叫コンサート」。「お経も歌も大切なのは情感。言葉が重みを失い、切実さがなくなった。情感を伝えたい」。東京・下谷の法昌寺を経て、短歌絶叫の舞台・ライブハウス曼荼羅《まんだら》（東京・吉祥寺）に福島泰樹さん（60）を訪ねた。

▼懐かしい柳沢

――柳沢は愛鷹山を流れる高橋川沿いの集落ですね。どんな縁があったのですか。

「わたしが赴任する前まで、妙蓮寺は無住でした。七〇年春、法華宗僧侶を養成する尼崎（兵庫県）の興隆学林を卒業します。夏に大本山光長寺（沼津市）の日蓮聖人大曼荼羅ご開帳の案内で周辺を回り、初めて柳沢へ行きました。山に囲まれ、寺の前には小さな川が流れていました。懐かしい感じがした。言い知れない懐かしさだった。わたしたちの団扇《うちわ》太鼓の音を聞いて、老婆が現れました。古く小さなお堂だった。もう何年も住職がいないことを涙を浮かべながら伝えるのです。老婆は粗末な布袋に米を入れて戻ってきました。本山への喜捨です。東京に戻り、柳沢の夢を見ました。庫裏に囲炉裏《いろり》があり、暗い表情をした老女三人がわたしを見ている。何度か同じ夢を見ているうちに、あの懐かしい寺に行ってみたいという思いが募った。本山に寺の再建を志願しました」

「村の灯もやがて消えなむ月光にしたたか濡《ぬ》れてわが寺はある」。百軒弱の集落のうち、檀信徒は二十八軒だった。

▼作家へ鎮魂歌

「七〇年十一月、三島由紀夫が割腹自殺する。そんな時代でした。学生時代に最も影響を受けた作家高橋和巳が『悲しみの連帯』を言った。イデオロギーではなく、人であるゆえに背負わなければならない悲しみ、人と人の心を結ぶ魂の連帯、コミューンをつくるのだ。そんな意気込みで寺に入りました。どこの馬の骨とも分からない二十七歳の若造を村人はこぞって大歓迎してくれました。特におばあちゃんたちがかわいがってくれた。村で初めての正月を迎え、寒行を始めた。朝六時からのお勤めの後、水垢離《みずごり》をする。団扇太鼓を叩《たた》き、題目を唱え村内を回る。最初は一人でしたが、やがておばあちゃんたちも寒行に加わってくれた。信心がこもっていた。緊張感があった。情感にあふれていました」

当時、まだ早稲田大に籍を置いていた作家立松和平氏が寺を訪れた。「菜畑のような古畳にすわり、背中のまるくたわんだ老婆たちの後で壁にもたれかかり鍛えぬかれた法華経を聞いていることは、ひどく心地よいものだった」（「福島泰樹歌集」歌人論）

「二年目で結婚した。妻（順子《よしこ》さん）は富士市の日蓮宗本妙寺の娘でした。それから二女の父親にもなった。沼津の生活が軌道に乗り、骨を埋めるつもりでした。本堂は江戸中期に建てられ、二百年以上も経て老朽化していた。悲願の再建が決まり、毎晩寺で会議が行われました。本堂解体前夜の興奮を忘れることはできません。檀信徒の一家総出の大宴会だった。大宴会の最中に床が抜けて誰かが縁の下に落ちた。はい上がってくる男衆に大爆笑、老いも若きも男も女も一つになって喜び合った。入山して三年目に立派な本堂が完成しました」

「村人を欺き親を裏切って月光の中溺《おぼ》れるごとく」。七七年に東京に戻った。

「半年前に住職が亡くなり、法昌寺の再建を命じられました。揺れましたが、東京の灯が恋しかったのかもしれない。別れのとき、餞別を持って訪れる村人の顔を正視できませんでした。ただ涙にくれていました。わたしの勝手で村を出て行く。心の底から泣きました。わたしもまたいつか遺骨になって村に戻ってきます。歴代住職として『分骨』され、裏山の墓地に眠ることになっています。それまでのお別れなのです。そう胸の中でわびました」

法昌寺から百メートルと離れていない下谷・感応寺に生まれた。師父の日陽さん（故人）は宗務総長、光長寺貫首など宗門の要職を務めた。早稲田大文学部西洋哲学科出身。

──僧侶になるつもりではなかったのですか。

「大学の卒業論文は『存在論の方向を探る』。『存在論とは人間学』という副題を付け、正月の一週間で書き上げた。ハイデッガー、ヤスパースらを研究対象にしたが、勉強しなかった。学園闘争のさなか、大学を卒業する踏ん切りがつかなかった。ドイツ語一科目残して留年した。六七年春、早稲田を出た後、興隆学林に入るまでお経を上げたこともなかった。つらかったのは唯物史観。仏教の歴史とは相容《い》れない。気持ちは仏教に行かなかった。しかし、父親の姿を見ていた、日蓮聖人に対する尊崇も強かった。結局は僧侶を選んだ。ただ、僧侶は汗して働くのではない。だから最初、お布施をもらうのに強い抵抗があった。弔いの意義や死者に対するわたしの役割が分からなかった。初めて住職となり、沼津の生活でその意味がはっきりと分かりました」

現在、早稲田、日大、桐朋芸術大などで講師を務め、文芸論、詩歌論などを教える。亡くなった作家、詩人、歌人らへ捧《ささ》げる歌が多い。最新の第二十二歌集は夭折《ようせつ》の画家への鎮魂歌「デカダン村山槐《かい》多《た》」。槐多への弔いのことば、情感あふれる絶叫短歌が共感を誘う。

法昌寺
東京都台東区下谷2-10-6
電　03-3872-5891

毎月10日に開かれる恒例の短歌絶叫コンサート。この日は女優の高橋恵子さんも訪れ、さらに情感がこもる＝東京・吉祥寺のライブハウス曼荼羅

【学園闘争での短歌】

「一隊をみおろす　夜の構内に三〇〇〇の髪戦《そよ》ぎてやまぬ」「眼下はるかな紺青のうみ騒げるはわが胸ならむ　靴紐むすぶ」「武装決起へいたる朝焼け　純潔に戦《おのの》けばわがバリケード建つ」。第一歌集「バリケード・一九六六年二月」で七〇年安保闘争前の学園闘争の気概を伝え、鮮烈なデビューを飾る。「愛と死のアンビヴァレンツ落下する花　恥じらいのヘルメット脱ぐ」（第二歌集「エチカ・一九六九年以降」）は学生らの愛唱歌。学園闘争は一握りのラジカルな党派的な学生に牛耳られ、孤立化し終焉《しゅうえん》する。

加持祈祷、救いに専心

八角堂に入ると、火炎に包まれた真っ赤な本尊大元帥明王《だいげんみょうおう》の大きな木彫像に迎えられる。正面は合掌しているが、剣や剣輪、槍《やり》などを持つ六面八臂《ぴ》像。外敵に憤怒で闘い、内には柔らかな慈悲の心で衆生の願いを叶《かな》える、という。右隣、大元帥明王の大きな刺繍《ししゅう》の十八面三十六臂像はさらに多くの武器を携える。二〇〇一年春、中川根町徳山に修行道場大元堂を完成させた真言宗御室派観蔵院（三重県四日市市）住職の和田仙心さん

真言宗御室《おむろ》派観蔵院、修行道場大元堂住職
和《わ》田《だ》仙《せん》心《しん》さん（65歳）

𑖪𑖽《ばん》

梵語《ぼんご》の𑖪𑖽《ばん》を装飾体で書いた。真言密教では大元帥明王を表す。装飾体では火炎のイメージを強調、鋭い線は矢、剣などの武器から発せられるエネルギーを込めている。

(65)。大元堂で加持祈祷《かじきとう》に専念する。

―現在の科学万能主義に対する強い批判はありますが、加持祈祷で難病を治療すると聞くと、やはり科学的ではない、胡散臭《うさんくさ》いと思う人も多いのではないですか。

▼自然治癒力

「医者は心を扱うことができない。心を見ない。多くの病気は心の歪《ゆが》み、ストレスが原因になって現れ、そして、そのストレスを取り除くことで消える。『病は気から』という言葉の通り、一晩でがんができ、一週間でがんが消える、ということはざらにある。今の医療は表面的なことはできるが、心を強くすることはできない。超能力などと考えるから、おかしな宗教にだまされる。人間の体にはもともと自然治癒力が備わっている。わたしは密教の修法によってそれぞれが持っている自然治癒力を高めているわけなのです。真言密教の創始者空海が伝えた秘法はそこにあるのです」

―加持祈祷を行っても、亡くなる人もいるのではないのですか。

「つい最近では、がんの末期患者だった三十八歳の女性が亡くなりました。これには医学の側の問題が多い。しかし、加持祈祷で難病が治ったとしても、いずれ人は亡くなっていく。引導を渡すのもわたしの大切な役割なのです。長い間、ご苦労さまでした。役目を終えて大日如来の元へ行って立派な霊になって安らかにお眠りください。にこりと笑って死んでいってほしいのです」

観蔵院は墓地を持つ檀家寺ではない。加持祈祷のみを行う。名刺には「英国スピリチュアルヒーラーズ連盟会員」とあり、裏は英文。仏教ヒーラー（心霊的治療師）としての評価も高く、海外講演の機会が多い。がん、鬱《うつ》病患者の加持祈祷の依頼が七割以上を占める。

「欧米ではホリスティック（包括的）医学と呼び、ヒーラーが職業となっている。英国ではヒーラーの治療行為に医療保険が認められているほどに一般的なのです。密教の加持祈祷のほうが強い力を持っている」

春野町石切の生まれ。掛川西高から上智大文学部スコラ哲学科に進んだ。

「実家は椎茸《しいたけ》、お茶が少しの貧しい農家でした。菩提《ぼだい》寺は曹洞宗のお寺。祖母は自分の名前さえ書けないような人でしたが、信心深く、和尚さんに言われたことを素直にすべてやっていました、寺で教わったいろいろな話をわたしにしてくれたのです。この信心深さが幼心に刻み込まれました。高校時代、掛川カトリック教会に通い、洗礼を受けています。神父になるつもりでした。ただ、大学の厳しい寮生活についていくことができず、上智大を二年目で辞めました」

その後、貿易会社に勤務。パプアニューギニアで長野県松本市からの戦没者慰霊団を引率する真言宗智山派の僧侶に出会う。得度を受け、四十歳のとき出家するが、得度を受けた師僧と袂《たもと》を分かつ。

▼修法を伝授

「小さな貿易会社の経営を続けながら、松本のお寺に通った。葬式や法事の手伝いが主な仕事でわたしが考えていた密教の修法とは違った。加持祈祷を行い、困っている人たちの手助けをしたい。『真言宗実践教書』など多くの著書がある岡山・正通寺の稲谷《いなや》祐宣《ゆうせん》阿闍梨《あじゃり》を知りました。稲谷阿闍梨に『大元帥明王を祈ることで大宇宙と一つになる法を教えてください』とお願いし、御室派に転派しました」

四十七歳で加持祈祷に自信を得て、五十三歳で観蔵院住職。現在、宗門の伝灯大阿闍梨として修法を伝授する。

—どうして、中川根町に大元堂をつくったのですか。

「春野の出身ですし、どこか静岡の山奥で純粋な祈りの世界を送りたいと考え場所を探していました。天竜川、富士川へも回りましたが、大井川上流部を車で走って、山から出ているエネルギーの強さを感じました。何軒かの物件を見ました。茶畑の中にあるこの場所にやってきて、ここだと決めました。月十日ほどここにおり、加持祈祷を行います」

加持祈祷料は月十万円。午前中に約一時間半、お堂に入る。午後一時間半、夜一時間の加持祈祷を行う。それぞれの依頼者の住所、名前、年齢、病名などを記した札を持参して、大元帥明王法独特の修法で祈る。

—病気の本人がここに来るわけではないのですか。

「そうです。それぞれの方たちと電話で話すことはあっても、直接本人に会うことはありません。手紙、ファクスでそれぞれの症状を伝えてきます。話していて、登校拒否、鬱病などほとんどが親の責任である場合が多い。衆生の悩みを救うのが仏の願いなのです」

大元堂
中川根町徳山1576-9
電　0547-57-1002

観蔵院
三重県四日市市八王子町2076-1
電　0593-21-6500

四月十日に信者が大元堂で得度する。これまでにも、十二人の弟子が僧侶を目指して修行中。「看護師、児童自立支援施設の教官、福祉カレッジの講師ら職業はさまざま。住職になるというよりも、それぞれの職業でより多くの人々に光の癒やしを与えていくために修行している」。信心の力で難病を治癒できるかどうか。疑問は残るが、ここに解決を求め、帰依する多くの人がいる。

大元帥明王に向かい、加持祈祷に専念する和田仙心さん＝中川根町・大元堂八角堂

【大元帥明王《だいげんみょうおう》】

不動明王や愛染《あいぜん》明王はよく知られるが、大元帥明王は一般にはほとんど知られていない。アータヴァカが原名で林に住んでいるもの、林の主という意味。極悪な性質で常に子供を食い殺す荒野の鬼神であったが、ブッダの教化によって国土を守り、人を護《まも》る役割を担う夜叉《やしゃ》神となった。不動明王さえ顔負けの憤怒の表情はそこに由来。大元帥明王の修法は秘法と言われ、空海の弟子常暁によってもたらされた。八五一年、文徳天皇の勅許によって空海の後七日修法に準じた大法として宮中で初めて修することが許され続いている。

道元の教え広く今に

「慕古《もこ》」。二〇〇二年九月に曹洞宗の開祖道元が亡くなり、七百五十年たつのを追慕する催しが大本山永平寺を中心に開かれた。大法要、大修理、布教などが行われ、全体のテーマを「慕古」と決めた。一九九五年十一月から七年間、永平寺に上山、大遠忌事務局文化事業部長としてさまざまな催しを企画、取り仕切ったのが、天竜市二俣町、曹洞宗栄林寺住職の桜井孝順さん（57）。道元の教えをいまここに顕《あらわ》すことができたか。

曹洞宗栄林寺住職
桜《さくら》井《い》孝《こう》順《じゅん》さん（57歳、天竜市二俣町在住）

一期《いちご》一会《いちえ》

茶道のことばとして有名だが、曹洞宗では報謝御和讃（御詠歌）「一期一会の人の世は　尊きものと知るものを　み篤き今日のおもてなし　いかで忘れん諸共に」にある。２度と戻らない、そのときどきを精いっぱい生きることを教える。

―作家の立松和平さんとお会いしたとき「歌舞伎創作で、天竜の桜井さんにはいろいろお世話になった」と話していました。ぜひ、一度お会いしたいと思っていました。

「そうですか。今回の七百五十年遠忌事業の一つとして、立松先生にお願いして『道元の月』という歌舞伎脚本を執筆してもらいました。小説は慣れていらっしゃるのでしょうが、歌舞伎脚本は初めてということで苦労をかけました。十回以上も書き直しをされたとおっしゃっていました。時代考証や細部についていろいろ話す機会がありました」

▼多彩な催しを企画

立松脚本で、道元が北条時頼へ説法する場面。「身を捨て、心を捨て、己を捨て、人間本来の自然にかえって、静かに坐禅するとき、心は何ものにもおびやかされることのない真の平安にやすらぐ。さとりは澄んだ水に月が映るように、心に宿る。心の水を澄まし、心に月を宿しなさい」

―「道元の月」の意味がよく分かります。二十四日間の昼上演で五万人近くの入場者があったと聞きました。

「襲名したばかりの坂東三津五郎さんは道元禅師の姿を立派に作り上げました。わたしは立ち稽古《けいこ》から入りましたが、坐禅の所作、姿、お唱えなどを指導させていただきました。坂東さんによって道元禅師の教えが手に取るように蘇《よみがえ》ってきたような気がします。袈裟《けさ》の掛け方など二度で覚えてしまいました。さすがに一流の役者だと感心しました。立松先生の脚本を生かし、大きな反響を呼び、ほっとしています」

創作歌舞伎のほか、人間国宝茂山千作氏の新作狂言「椎茸典座《しいたけてんぞ》」、演劇「道元」、筑前琵琶による新曲「道元禅師さまのご生涯」などをはじめ、北米スタンフォード大での「道元禅師シンポジウム―慕古―振り返れば未来」、米国で道元禅を実践する詩人ゲーリー・スナイダー氏の国際公開講座「詩と禅との対話」、宗門内外の識者らによる「禅といまフォーラム」など多彩な催しを行った。

―ところで「慕古」とはどういう意味ですか。

「古仏を慕う。道元禅師の教えを学ぶということです。道元禅師の書かれた『正法眼蔵《しょうぼうげんぞう》』には『慕古』がさまざまに登場します。『慕古を心術とする』『慕古の慶快なり』など、日常茶飯事の中で教えを学ぶことを諭しています。一般の方にはちょっとでもいいから仏壇の前に座り、お線香をまっすぐに立ててみてください。そのときに道元禅師と一体になっているのが分かるはずです」

―五十年ごとに大遠忌を行うのですか。

「江戸時代、三百年遠忌くらいで始まったと聞いています。永平寺には二百五十人の雲水が修行に励んでいます。大遠忌では法要や道元禅師の教えを広めるとともに、修行僧を養う場所を確保することが大きな目的です。長年、風雪にさらされて傷んだ建物などの大規模な修理を行っていかなければなりません」

師父は栄林寺の先住順応さん（88）。磐田南高から駒沢大に学ぶ。全国曹洞宗青年会の設立などに尽力し、八四年に第五期会長を務め、広い人脈を培った。

▼夏休み緑陰説法

—青年会はどんな組織なのですか。

「宗門に属する約二千人の四十歳までの僧侶が参加しています。寺に若い人たちに集まってもらいたい。夏休み緑陰説法を各地で開催しました。わたしはここに風呂を作って、子供たちが泊まりがけで遊びに来ることができるようにしました。台所も整え、夏休みの参禅道場のような体裁にしました。当時は五十人くらいが参加していました」

会長時代に創立十周年を迎えた。東京・新宿で大規模な石仏展を開催、無着成恭、辻嘉一氏らを講師に全国規模の緑陰説法を開いた。

—やはり、昔から文化事業に手慣れていらっしゃるのですね。

「いえ、そうでもないんですよ。ただ、多くの方たちとの縁ができ、その方たちが協力してくれるので、ことがスムーズに運びますね」

曹洞宗の修行道場可睡斎（袋井市）で十四年間、典座（料理の責任者）を務めた。その経験を基に生活新書「禅の心で家庭料理」（六八〇円・NHK出版）を上梓《じょうし》したばかり。帯には「真心で料理する典座和尚直伝の知恵」とある。

—お忙しいのに、よく執筆している時間がありましたね。

「過去にある新聞に連載したものと、昨年三月から書いたものがまとまりました。文化事業部長時代のように飛び回ることがなくなりましたから、机に向かう時間は十分にあるんですよ」

栄林寺
天竜市二俣町二俣116
電　0539-25-2235

九五年一月から毎月一回、地域のお年寄りが集まって手作りの料理を楽しむ「福寿会」を開催する。「子供が少なくなって、夏休み緑陰説法の会は中止になりました。独り暮らしの方でもここにやってきていただいて、大勢でわいわいがやがやしながら、料理を作り、おいしく頂くことで縁ができます。お寺の役割はそんなところにもあります」

作家立松和平氏、道元を熱演した坂東三津五郎氏らと「道元の月」上演前に座談会を行った＝東京・歌舞伎座（桜井孝順さん提供）

【歌舞伎「道元の月」】
「道元の月」は二〇〇二年三月、東京・歌舞伎座で上演。道元に坂東三津五郎、北条時頼に中村橋之助、玄明に中村勘太郎らが扮《ふん》した。「青葉の永平寺」「北条時頼の館」「雪の永平寺」の三幕の通し狂言。第二幕で道元が時頼の館を訪れるシーンが印象深い。道元は深い悩みを持つ時頼に「執権の職を捨て、執着を捨てることが救い」と断言。執権職を捨てるのは鎌倉幕府を潰《つぶ》すことだと激高した時頼が剣を抜き、道元を斬《き》ろうとするが、動じることなく坐禅する。道元の説法に時頼は打たれ、帰依する。

社団法人「シャンティ国際ボランティア会」会長
松《まつ》永《なが》然《ぜん》道《どう》さん
（69歳、静岡市・曹洞宗宗徳院住職）

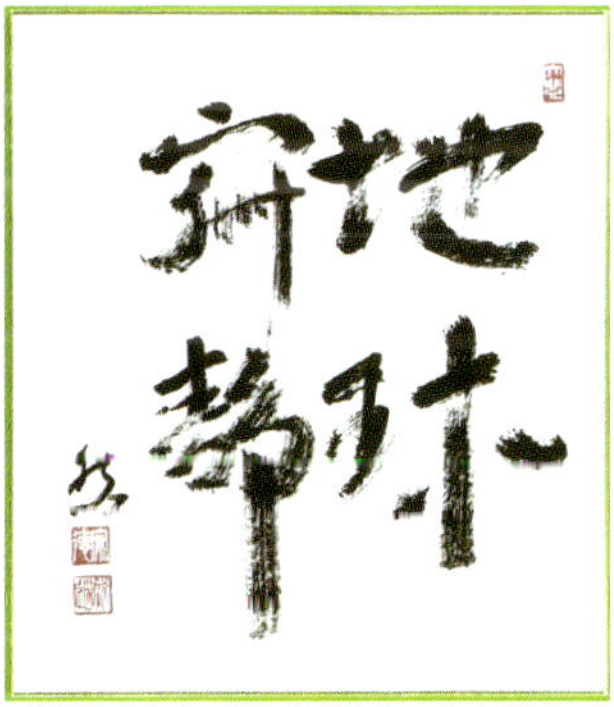

地球寂静《ちきゅうじゃくじょう》

寂静は心を静かにする。静かに自分自身を見つめる。静かでなければ、争いが起きるだろう。それぞれが助け合わなければ、一人では何もできない。シャンティは「平和」とともに「寂静」の意味を持つ。

難民救済、同じ目線で

社団法人「シャンティ国際ボランティア会（SVA）」の活動は曹洞宗大本山永平寺副監院《かんにん》、国際部長を務める松永然道さん（69）＝静岡市清水興津本町、宗徳院住職＝の歩みに重ねることができる。前身となる「曹洞宗東南アジア難民救済会議（JSRC）」初代バンコク事務所長、SVA誕生と同時に会長を引き受けた。弱者の立場と同じ目の高さ、同じ視野で見ることからボランティア活動が始まる、という。東京・新宿にある東京事務所を訪ねた。

▼一緒に蠢く虫に

―ＳＶＡの事務局長を務めた有馬《ありま》実成《じつじょう》さん（山口県周南市の原江寺住職、二〇〇〇年に死去。享年64歳）の著作「地球寂静《じゃくじょう》」（アカデミア出版）を読みました。そこに、有馬さんが「社会の底辺を蠢《うごめ》くウジ虫にわたしと一緒になりませんか」と誘った、と書かれています。どんな意味だったのでしょうか。

「（一九八〇年）有馬さんが（ＪＳＲＣ）バンコク事務所長という話を持ってこられたときのことです。有馬さんはわたしの一つ歳下でしたが、大学は向こうが先に卒業していてお互いによく知っていました。開教師として海外経験が豊富で、言葉がある程度分かり、それなりの年齢で現地スタッフらをまとめることのできる人材を探していて、わたしに白羽の矢が立ったのだと思います。十九年にわたる海外開教師を終え、日本に戻り、僧侶の一人として何をすべきか迷っていたころでした。有馬さんの誘いはインパクトがありました」

七九年、ポル・ポト政権の崩壊とともに、タイへ逃れたおびただしいカンボジア難民の惨状が世界に伝えられた。飢餓にあえぎ、死の淵をさまようキャンプ難民。仏教徒として曹洞宗も救援態勢をつくる。当時、「物資は出すが、人間は出さない」日本という批判を浴びていた。海外ボランティア活動の経験は皆無であり、すべて手探りの状態だった。

「『とにかく、現地を見せてください』と頼み、タイに渡りました。キャンプはあまりにひどい状態だった。その悲惨な状況を見て、事務所長を引き受けるのをやめますと言えなかった。まず三カ月、タイに滞在した。わたしは四十六歳になっていました。子供も大きくなっていたし、無給ボランティアだけでは生活できない。いったん静岡に戻り、寺の仕事を手伝いながら毎月、タイに通いました」

車両による移動図書館の活動など教育分野で支援を実施する。

「いまごろ、何だ、のこのこ来て、遅いと批判も受けました。ボランティアとしてわたしたちができることをやるしかない。ただ、お金だけを集めて送るのではなく、どうしたら現地で役に立つことができるのか。有馬さんが言う『社会の底辺を蠢くウジ虫』は現地でのたうち回り、そこに住む人たちの苦しい気持ちに共感するということだったと思います」

「地球寂静」は昨年十二月に有馬氏の遺稿集として出版された。ボランティアを通じて、共生の意味を求めた有馬氏の仏教者としての行動と精神をまとめている。

▼大切な文化、伝統

「タイの難民キャンプ周辺は食うや食わずの状況だったが、必死に生きようとする人々の心は満たされていたような気がする。物質的に貧乏だからと言って、文化や信仰まで捨てたわけではない。カンボジアの文化を少しでも継承してもらうことのお手伝いができると思った。戦後の日本がたどったように経済的に発展することで、大切な文化や精神まで捨てていいというわけではない。カンボジアの子供たちには民族の誇りでもある伝統、文化、習慣を忘れないでほしい。そういう願いでボランティア活動が始まった。今わたしたちがアジアで取り組んでいる活動は、当時と同じように、そこに生活する人々の視線を共有することです」

宗徳院に生まれた。駒沢大学を卒業後、二十五歳の時、集団移民船ブラジル丸でサンパウロに渡り、南米別院で曹洞宗開教師としての人生が始まった。四年後に一時帰国して結婚、直後にハワイ・カウアイ島の禅宗寺に赴任。ここで七年間過ごし、二人の子供にも恵まれる。

「人口二万人、のんびりした小さな街でした。ただ、生活は大変でした。生活費は現地調達ですから、檀家も少なく、郵便配達などで、苦しい生活を支えました。異文化の生活の中で違いを恐れない、違いを分かち合い、理解することで仏教の布教に努めました」

この後、米国ロサンゼルスの北米別院で八年間過ごした。現在、福井の永平寺、東京のSVA事務所、静岡の自坊を行き来する。

「永平寺の仕事が中心です。各国からのお客さん、駐在大使らが訪れる機会が増えています。建物・庭園は京都だが、生きた日本文化は永平寺にあるという宣伝が行き渡っています。冬の厳しい修行の最中にも永平寺を訪れる人は多いですね」

現在、SVAの予算は六億円に上り、ボランティアスタッフら約二百人が働いている。

—会長としてのお仕事は何ですか。

「優秀なスタッフが多く、任せきりで何もしていません。会務のまとめが主な仕事。これ以上、戦争が続いてほしくないという願いを叶《かな》えることですか」。シャンティはパーリー語で「平和」。

宗徳院
静岡市清水興津本町363
電　0543-69-2244

アフガニスタン・スータン村での移動図書館。現地の言葉に訳された絵本に多くの子供が集まる（ＳＶＡ提供）

【シャンティ国際ボランティア会】
タイ、ミャンマー、アフガニスタン、ラオス、カンボジアなどアジア各地で移動図書館、絵本を届ける運動、教育奨学金、学校建設などの教育、文化分野での国際協力に取り組む民間の公益団体。東京事務所のほか、アフガニスタンなどに五カ所の現地事務所。大リーグなどで活躍した佐々木主浩投手がＳＶＡ国際ボランティア親善大使。県内にも多くの支援者がいる。資金援助や古本、ＣＤ、ビデオテープの寄付を求めている。問い合わせはＳＶＡ東京事務所〈電０３（５３６０）１２３３〉へ。

深遠の境地求め座禅

掛川市中心街から離れた高台に曹洞宗少林寺はある。住職の井上貫道さん（59）が本堂横の僧堂「少林寺禅窟」に案内してくれた。男女十五人が座る。土曜夜から宿泊して参禅する人、早朝訪れ、座る人などさまざま。午後まで思う通りに座っている。後日、静岡市稲川の鯖《さば》大師で開かれた夜の座禅会にも出席した。同じように、十五人ほどの男女が壁に向かって座っていた。

曹洞宗少林寺住職
井《いの》上《うえ》貫《かん》道《どう》さん（59歳、掛川市在住）

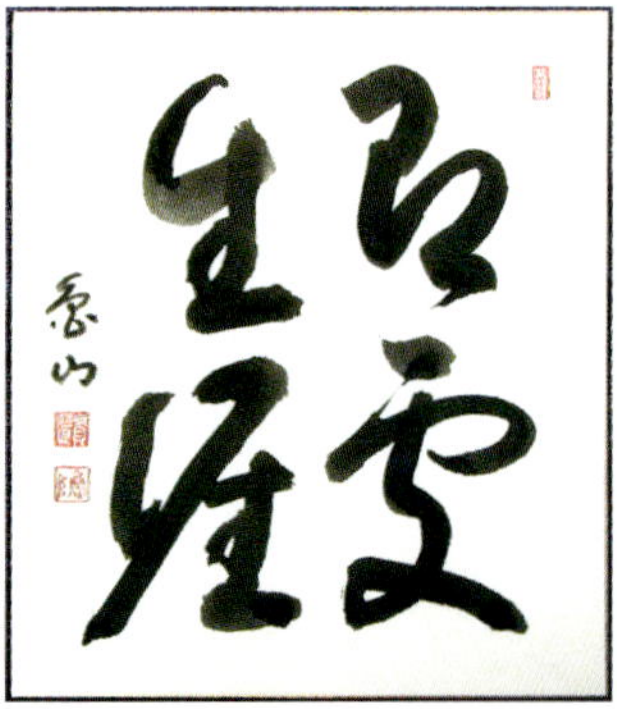

即処生涯《そくしょしょうがい》

「いまここがすべて」の意味。井上義衍老師は「即処生涯也、渾身是法也。ただ、この自覚を要するのみ」と説いた。この体のあるところだけで生きている。人はそれだけであり、体の有り様が人生そのものであり、それを自覚しろ、という。

―本当に熱心ですね。

「みなさん自分自身と向き合っているんです」

―と言いますと。

「自分のさまざまな思いに振り回されて、頭の中でぐじゃぐじゃになっている。ひっかき回している。そんなことで惑いや迷いがある。無心になって座ることで見えてきます」

▼ただその通りに

―何が見えるのでしょうか。

「ただその通りに見え、聞こえてきます。みな同じ物を見たり、聞いたりしているのに、いろいろ判断をしようとする。ただその通りに見て、聞けば、その方がずっと楽しい。以前、女優の山本富士子さんがこんなことを言っていました。『知らなくてもちゃんと楽しんで聞いていますから』。誰かが説明を加えようとしたのです。それに対して『説明など不要、ただ音楽を聞いて楽しんでいるのだから、何も言わないで』ということなのでしょう。善し悪《あ》しを論ずることはないのです。人は苦しみから救われたいと考えます。誰かに騙《だま》されたとします。ほとんどの場合、騙されたと知るまで幸せだったのではないでしょうか。騙されたと分かって不幸せになる。あいつにやられたと思うと苦しくなる。気が付いてどのように処理するか。すべては自分勝手な思いから出ているのです」

―『仏道は自己なり　玄魯《げんろ》門下求道者の記録』（青雲堂）を読ませていただきました。

「師匠の父義衍《ぎえん》が亡くなって、七回忌を経て多くの門下が書いてくれたものをまとめました。水野欣三郎さん（浜松市出身の彫刻家、故人）の弔辞、師匠の未発表の遺稿などを収めました」

師僧は近代の名僧と慕われた龍泉寺（浜松市）住職の井上義衍老師。玄魯は義衍老師の号。

―思い出の写真に住職のかわいい小坊主の姿もありました。

「わたしは師匠の五十歳のときの子供ですが、幼いころから、父というより師匠でした。四人の兄、住み込みの弟子たちと一緒に生活していました。寺に集まるすべての人にとって師匠だったからでしょうか。全国から曹洞、臨済、黄檗、浄土などさまざまな宗派の学僧が集まっていました」

―梁山泊《りょうざんぱく》のような集まりをイメージしますが。

「当時は十歳足らずの子供でした。師匠のそばにいて、弟子との問答を聞いていました。戦後動乱の時代で、価値観が一八〇度転換して、みんな迷っていた。他の道場では飽き足らない頭のいい人たちばかりだった。龍泉寺に来て、初めて学問よりも深いものがあることを学んだのではないでしょうか。師匠は寝食を忘れ、座っているという修行を続けていました。古くさくても誰も抵抗できません」

―出家するのが当たり前だったのですか。

「幼いころから頭を丸めていましたから、抵抗も何もありません。駒沢大を卒業してすぐに、師家《しけ》を育てる機関が横浜・鶴見の大本山總持寺にできたので行きました。四年間の修行後、地方道場に派遣されました。二十五年ほど可睡斎の講師となり、少林寺の住職に就きました」

▼ひたすら見守る

最初、少林寺の檀家は十六軒。現在は五十軒ほどに増えた。

―師家とはどんな存在でしょうか。

「座禅を指導できる人、自分がしっかりとしている人といった意味でしょうか。自分の中に迷いがなくならなければ、相手を説得できません」

―座禅と言うと、一般にはしびれや苦痛のイメージが強いのですが。

「それは、本来の意味の師家に出会っていないからでしょう。しびれならば足を組み替えればいいのです。足の悪い方も座ることはできるのです。煎《せん》じ詰めれば、足がなくても座禅はできるのです。常識で考えれば、無理強いすることがあります。座禅とは一番リラックスした姿勢です。そこに楽しみや喜びがあり、誰もずっと続けることができるのです」

―鯖大師では「時間」の概念についての話をされました。

「宇宙のできあがる前から、時間はそこにあります。時間から逃れようとしても逃れることはできない。道元禅師が書かれた『正法眼蔵《しょうぼうげんぞう》』は宇宙の真理を教えているのです。歩いているとき、ご飯を食べているとき、怒ったとき、花が咲いているのを見ているとき、電話しているとき。ときというのは、すべては何かしているのです。『歩いているとき』とは『歩いている状態』なのです。そのときのありようを指してます。行動そのものを

『とき』が現している、何かしていることと時間は一致しています。疑っても、疑わなくても時間とは何かをしているときなのです。物事と時間はずれていません。結局、時間が自分なのです。すべて自分がしていること、それから逃れることはできません」

説法の後、壁に向かい座禅する。その後、近況などを話す茶話会となる。掛川、静岡だけでなく、東京、岡山、浜松などでも座禅会を主宰。どこでも警策を使うことはない。ただひたすら座る姿を見守っている。

少林寺
掛川市子隣309
電　0537-22-5355

【井上《いのうえ》義衍《ぎえん》老師】

広島県の長光寺に生まれる。原田祖岳らから印可証明を受け、老師に。浜松市の龍泉寺には老師の教えを受けるために、さまざまな修行僧が訪れた。曹洞宗管長を務めた若き板橋興宗をはじめ、青野敬宗、坂本宗謙、藤井徳禅ら有為の学僧五十人以上が参じて教えを請うた、という。「仏道は自己なり」のほかに「夢想」第六集「心銘提唱」「玄魯随問記（問答集）」などの著作多数。一九八一年に八十六歳で亡くなった。遺喝は「虚空打空　幾百億年　好天好天　我行脚日」。

道元が説く「時間」の考え方について話す井上貫道さん（奥）＝静岡市稲川の鯖大師

浄土門主、総本山知恩院門跡
中村《なかむら》康隆《こうりゅう》さん（97歳、静岡市出身）

福《ふく》

幸福を指す。貧窮の衆生に衣服を与えた、という馬鳴《めみょう》菩薩《ぼさつ》が1、2世紀ころ説かれた「三聚浄戒《さんじゅじょうかい》」の心で、いつも律儀によりよく人々のために、心掛けて生き抜くことが幸福を築くことになる、という。

念仏の中に暮らす

全国に約七千カ寺、檀信徒約六百万人の大教団・浄土宗の総師として、念仏信仰へ導く浄土門主、総本山知恩院門跡の中村康隆さん（97）。静岡市出身。四月二十八日に九十八歳の誕生日を迎え、六月に白寿のお祝い会が宗門を挙げて開かれる、という。宗祖法然の他力救済の信仰と実践の場として知られる、京都・東山三十六峰のひとつ、華頂山のふもとに広がる知恩院を訪ねた。

▼車いすの生活に

九十歳の時、脳梗塞《こうそく》に倒れた。左半身不随の後遺症が残り、足に負担をかけないよう車いすでの生活を強いられるが、語り口は非常に若々しい。

—九十八歳になられるとは思えないほどお元気ですが、門跡としてふだんはどのような生活を送っているのでしょうか。

「起床は午前六時すぎ、お内仏を拝み、歴代のご門跡、縁故者の供養をいたします。午前七時に朝食、正午に昼食、午後五時には公務を終えて、六時に夕食、九時には就寝します。食事を含めて、周りが非常に気を使ってくれています。鰻《うなぎ》が好物だったのですが、これも脳梗塞のリハビリでコレステロールが高いものはいけない、というのでやめました」

—八十六歳から知恩院門跡を務められていますから、十年を超えました。京都の厳しい気候はいかがでしょうか。

「冬は夜の寒さが朝まで残り、夏の暑さは夜まで続く。慣れたと言えば、慣れたのでしょうが、なかなか厳しい」

—公務もお忙しいのでしょうね。

「団体参拝者や来訪者らとのお話などの合間に、頼まれて色紙や半切などにさまざまな字を書いています。半身不随なのでなかなかうまく書けないのですが、昔からの知り合いに頼まれることが多いです。先日は東京でよくお世話になる料理研究家の娘さんに詩句を書いて贈りました」

—どんな詩だったのでしょうか。

「『園庭花《えんていか》果多《かおおし》』と最初に書いたのですが、ちょっと考えてやめました。それで『園庭花《えんていか》木鮮《ぼくあざやかし》』としました」

—意味についても教えてください。

「最初の詩は、庭に咲く花々に託して『たくさんの子供をつくりなさい』といった比喩《ひゆ》を持っています。それでは昔と違い、現在では合わないかもしれない。『子供を育てるときには伸び伸び育てるように』の願いで詩句を書き直しました」

四月七日の宗祖降誕会《こうたんえ》に続き、十八日から二十五日までが御忌大会《ぎょきだいえ》。宗門の最大の行事であり、毎日、導師を務める。

「全国から数多くの檀信徒が参拝に訪れ、この地で教えを広め、亡くなった法然上人をしのびます」

▼**和合共生が重要**

静岡市清水町（旧清水市清水町）の浄土宗実相寺に生まれる。大正大学で金田一京助氏らの民俗学の教えに惹《ひ》かれ、宗教民族学の道を選ぶ。実相寺住職の傍ら、大正大学教授として宗教社会学を専攻、一九七五年から四年間、大正大学学長に就いた。八二年に浄土宗七大本山の増上寺（東京都港区芝）法主《ほっす》に就任、自坊の実相寺は長男康雅氏が継ぐ。九三年に増上寺法主から浄土門主・総本山知恩院門跡第八十六世。全日本仏教会会長、全国青少年教化協議会会長などの重責を担う。

―本当に数多くの要職に就かれたのですね。

「九十歳になる前に日中韓国際仏教交流協議会会長を名前だけというので引き受けました。三国仏教を『黄金の絆《きずな》』と提唱された中国の仏教者趙撲初さん（故人）らとの友好が深まり、記念の石碑を奈良の唐招提寺にある鑑真和尚の墓のそばに建立、碑文をわたしが書かせていただきました。仏陀の教えである『和合共生』こそが最も重要であると信じています」

―大学時代、毎日六万遍の念仏を唱えることを目標に、歩きながら念仏を唱え電柱にぶつかりそうになった、という有名なエピソードをお聞きしました。

「法然上人の念仏宗旨は『遍依善導《へんねぜんどう》』と称されるほど、唐の善導大師に深く帰依していました。念仏によって百人が百人ながら浄土に生まれうるという、善導大師のお言葉に深い感銘を受けたからです。若いころは、念仏の中に生き、念仏の中に寝、念仏の中に暮らす極意に触れるために、毎日、毎日一生懸命に念仏を唱えていました。電柱にぶつかりそうになったのを当時の大正大学の学長に見つかり、そんな笑い話が残ってしまった。男性は一日に三万遍、女性は一万遍、念仏を唱えるように言われていました。ええ、いまは心の中で唱えていますよ」

―ご自身の白寿の記念行事について何か考えていますか。

「一冊、本を出してみたい。まだ、頭の中だけなのです。日本人はどこから来たのか、ど

知恩院
京都市東山区林下町400
電　075-531-2111

こで国造りを行ったのか。日本人の原像と邪馬台国についての論考をまとめてみたい」

　五月に東京、福島の寺院からの依頼で回り、秋には佐賀へ巡教予定。

「清水へ戻ると、近所の寿司《すし》屋に行きます。京都のホテルで寿司を食べることがありますが、やはり清水のほうがずっとおいしい」。若さ、活力を保つ秘訣《ひけつ》を十分心得ているようだ。

木造の門としては世界一のスケールを誇る、国宝・知恩院三門

【浄土宗】

　宗祖の法然（一一三三―一二一二年）は父の遺言「恨みを晴らすのに恨みをもってするな。恨みを超えた広い心で、すべての人が救われる仏の道を求めよ」に従い、出家する。悟りを啓《ひら》き「南無阿弥陀仏と唱えることで、いかなる罪や苦しみも消え、明るく安らかな生活を送ることができる、亡くなれば極楽往生できる」と教える。この教えは戦乱に明け暮れた当時の人々の心を救い、民衆の信仰を集めた。知恩院では毎日の暮らしの中で念仏の教えを手から手へ広めていこうという「おてつぎ運動」を実践している。

なじみの文学に禅の心

臨済宗の禅は曹洞宗の黙想禅と違い、公案禅と呼び、一つの問題に答えを求め、禅語での応酬を繰り返す。問いが答えになり、答えが問いになる。一般から見れば、禅語は非常に難しい。その難しい禅語を英訳して紹介した「A《ア》 ZEN《ゼン》 FOREST《フォレスト》（禅林句集）」「A《ア》 ZEN《ゼン》 HARVEST《ハーベスト》（禅林世語集）」は欧米で大きな評価を得た。著者の臨済宗妙心寺派承元寺住職の重松宗育さん（60）＝静岡市清水承元寺町＝は関西医科大教

関西医科大教養部教授
重《しげ》松《まつ》宗《そう》育《いく》さん
（60歳、臨済宗妙心寺派承元寺住職、静岡市）

My mind is like the autumn moon:
Shining bright, reflected on the clear creek.
Shigematsu Soiku

吾心似秋月《わがこころしゅうげつににたり》
碧潭清皎潔《へきたんきようしてこうけつたり》の英訳

「寒山詩」にある。英訳は重松宗育氏の「A ZEN FOREST」から。私の心は秋月のようだ、美しい湖沼に明るくすがすがしく輝いている。禅で到達する一つの境地とされる。

養部教授を務める。大阪府枚方市の研究室を訪ねた。

―まず、禅林句集とはどんなものでしょうか。

▼言葉も重要

「室町時代に臨済宗の東洋英朝《とうようえいちょう》が編んだ句双紙です。唐詩選、無門関、碧岩録、寒山詩、老子などから珠玉の漢語を選び、五、六千語を紹介しています。『無』など一言から始まり、五言、七言などに分類されています。臨済宗では雲水が袂に入れておく必携の書物でした」

―どうして必携なのですか。

「臨済宗の公案禅は老師が問いを出して、雲水はそれに答えなければなりません。一つひとつの公案修行の最後は、言葉で表現するのです。著語《じゃくご》と呼んでいます。公案の問いとなり、答えとなる言葉が禅林句集にはたくさんあります。ですから、江戸以降は教養のためではなく、修行のために必ず袂に入れておいたのです」

米国ウエザヒル社から出版された「A　ZEN　FOREST」では千二百三十四語の禅語が選ばれている。

「現代人にとって一番興味のあると思われる禅語を選びました。結局は美しい表現の多い五言、七言の詩句が多くなりました。一言のように短いものほど英訳は長くなってしまいます」

―無門関「逢仏殺仏　逢祖殺祖」。直訳すれば、仏に逢えば、仏を殺し、祖先に逢えば、祖先を殺すとなり、悲惨なことになります。日本人にも難しいのに、欧米で理解されたのでしょうか。

「そうなんです。当然、そのまま英訳しましたから、本当に仏や祖先を殺すのか、という質問をもらいました。友人で長い序文を書いてくれた、詩人のゲーリー・スナイダー（米カリフォルニア大教授）らは解説書を書け、と勧めてくれました。非常に難しい仕事になったでしょうが、いまとなっては書けばよかった。米国で禅を修行する人たちでも、読みこなせる人がどれだけいるのか不安です。ですから、フルブライト基金の米国留学中には依頼を受け、全米を回って講演をしました」

――『禅林世語集』は『禅林句集』とどこが違うのでしょうか。

「これは明治以降、和歌、俳句、都々逸から禅語を選んだものです。公案の最中に老師は雲水に『漢語の次は、和語で答えろ』と言います。そんな借り物の漢語ではなく、今度は日常の分かりやすい言葉で言え、となるのです。ですから、『世語集』にあるような言葉で表現しなければなりません。禅はその人の体験を追求していきます。体験したことを振り返って、詩句で表現するのです」

―それが、逆に欧米の文学作品の中に、禅語を見つけるという作業に結び付いたわけですね。

「ええ、外国のよく読まれている作品の中に、禅語に近い意味を持つ詩句が多いことに気がついたのです。禅を学んでいる外国人らに異国情緒としての禅文学ではなく、自国の文学を掘り下げていくことを勧めました。禅の心は漢文学だけではなく、誰もが読んでいる自国のなじみ深い文学の中に見つけることができるのです」

▼大きな反響

著書「星の王子さま、禅を語る」（絶版）「モモも禅を語る」「アリス、禅を語る」（いずれも筑摩書房）の〝世界禅文学の旅〟シリーズは大きな反響を呼んだ。

「フランス、ドイツ、英国と続きましたから、次は米国、そして日本でおしまいにするつもりです」

――米国作品は「オズの魔法使い」ですか。

「いえ、ローラ・インガルス・ワイルダーが書いて、テレビドラマで評判を呼んだ『大草原の小さな家』。そして、日本文学が最後の一冊になります。これは、童謡、唱歌のなじみ深い詩句の中に禅の心を発見できれば、と考えています」

駿河を代表する古刹《こさつ》の承元寺に生まれたが、僧侶になるのには抵抗があった。東京外国語大で英米文学を学んだ。

「葬式などで坊さんはちっとも尊敬されていない。そういうのを見てきたから、寺の跡を継ぐのは嫌だった。外語大に行って、鈴木大拙ら禅について英語で書いたものを読んでいて、坊さんになろうと決心した。法事や葬式のことは一切書かれていない。生きている人がどういう生き方をするのか、苦しみをどのように乗り越えるのかを目指していた。エマソン、ソロー、ホイットマンらをテーマにしましたが、多分、禅の世界から英米文学を見

承元寺
静岡市清水承元寺町299-1
電　0543-69-1340

ようとしていた。そこから坊さんを見直したのですね」

長く静岡大人文学部に勤めた後、五十七歳で関西医科大に移った。

「ずっと、医大へ行きたかった。生老病死を理解するために、わたし自身が医大で少しでも勉強をしたい、と考えたからです。こちらに来て解剖実習に参加することができ、感激した。現在は学生部長を仰せつかり、個人の時間がなかなか取れない」。医大での新たな経験が、禅の世界にどう生かされるのか。

心のセミナーを担当する重松宗育さん＝大阪府枚方市の関西医科大教養部

【星の王子さま】

仏の作家サン＝テグジュペリの名作。サハラ砂漠で飛行機が故障して、「ぼく」は王子さまに出会う。羊の絵を描いてほしい、というので大蛇が象を呑み込んだ絵を描くと、王子さまは羊の絵にしてほしい、と願う。いくつかの羊を描くが王子さまは気に入らない。つい面倒になって、箱だけ描いて「こいつは箱だけど、君が願う羊はこの中にいるよ」。すると王子さまは「本当は、ぼく、こんな羊がずっと欲しかったんだ」。王子さまが見通す「目に見えない世界」と禅の教えとの共通性を重松氏は指摘する。

法華宗本門流大本山光長寺貫首
川《かわ》口《ぐち》日《にっ》唱《しょう》さん(75歳、沼津市在住)

耐え忍ぶことが大切

沼津・岡宮の光長寺と言えば、毎年七月二十五日にご開帳される二十八紙大曼荼羅《にじゅうはっしだいまんだら》の虫干し会《むしぼしえ》が近在だけでなく、遠方からの檀信徒らでにぎわうことで知られる。法華宗四大本山の一つ、法華宗本門流光長寺貫首《かんじゅ》として、五百カ寺余の頂点に座す川口日唱さん(75)=沼津市岡宮=。参道の桜並木が散り、青葉がまぶしい古刹《こさつ》を訪ねた。

―昨年の虫干し会にお邪魔して、初めて二十八紙大曼荼羅を拝ませていただきました。

以忍為鎧《にんをもってよろいとなす》

法華経不軽品《ふきょうぼん》第二十の教えを表す。どんな迫害にあっても、「よく耐え忍ぶ」という「鎧《よろい》」で生き抜きなさい、という意味。不軽菩薩は会う人ごとに合掌礼拝し、他人を敬い、ただ礼拝に徹し、悟りを得た。

曼荼羅と聞きましたので、奈良・当麻寺《たいまじ》が所蔵する国宝当麻曼荼羅のように諸仏、菩薩などを描いた絵図とばかり勘違いしていました。

▼ご真筆の曼荼羅

「日蓮宗系の場合、十界勧請大曼荼羅《じゅっかいかんじょうだいまんだら》と呼び、二十八枚の紙を継ぎ足し、表装したものです。縦三メートル、横一・五メートル以上という大きなお軸になっています。『南無妙法蓮華経』のお題目が大きく書かれ、東西南北に持国《じこく》、広目《こうもく》、毘沙《びしゃ》門《もん》、増長《ぞうじょう》の四天王をはじめ、さまざまな諸仏、菩薩が文字で書かれています。両界曼荼羅、胎蔵界曼荼羅、金剛界曼荼羅の図絵とは違います。ただ、日蓮聖人も真言宗などの曼荼羅に深い影響を受けています」

――それが、日蓮宗系宗派のご本尊になっているわけですか。

「その通りです。日蓮聖人が佐渡に流されているときに考案したのです。日蓮聖人ご真筆の曼荼羅は全国に百二十三幅が現存すると言われます。光長寺には二十八紙大曼荼羅のほかに四幅現存します。二十八紙大曼荼羅は河口湖畔の信徒らの願いで書いたのです。大きな用紙、大筆と墨、これを書くための広い場所などを考えると、本当に多くの人々がかかわったことが想像できます」

――それで、お曼荼羅の風に当たると、その一年は無病息災で過ごすことができると言われたのですね。

「ええ、昔は本当に門前市をなすの大にぎわいでした。屋台などがずらりと並び、本堂に向かうと戻ることもできないほどの混雑ぶりでした。現在でも全国から信徒ら五百人くらいが参拝に訪れます。ただ、七月二十五日は虫干し会と決まっていますが、かんかん照りで湿気も多く、黴《かび》や虫害を防ぐためには効果は薄いのでしょう。十一月のよく乾燥した日を見計らって『内虫干し』と称して、本当の虫干しを行います。七百年以上を経ても、ご本尊が本当に大切に保存されてきたことがよく分かります」

—曼荼羅は日蓮のみしか書いてはいけなかったのですか。

「いえ、そんなことはありません。本山の貫首は書くことを許されています。ですから、古い檀家には光長寺歴代貫首の曼荼羅があります。檀家でも光長寺と同じように虫干しをします」

▼不軽菩薩を実践

昨年一月に七十六世貫首に就いた。

「これまでに十幅の曼荼羅を書きました。さらに十幅ほど頼まれています。能書家ではないですから、なかなか難しい」

—光長寺塔頭の西之坊が自坊だそうで。

「ええ、ただ、宗務庁の仕事のほうが長く、事務屋をずっとやってきました」

先住の師父憲英さん（故人）から得度を受け、日本大文学部宗教学科を卒業。光長寺の執事などを務めた後、法華宗の宗務の仕事に携わる。通算十年間、宗務部長、一九九三年から八年間宗務総長に就いた。

―宗務の仕事とはどんなことをやるのでしょうか。

「あまり、表面に出る仕事ではありません。まあ、言うならば、市町村のお役所のような仕事と言えば、いいのでしょうか。宗門の場合、住職の任免から始まり、僧階の授与、布教師の育成、布教のための出版、印刷、僧侶を養成する学校経営からお寺のトラブル調整まで。トラブルがあった場合、両者からよく聞いて判断しますが、非常に難しい問題が多いのです」

―本当に多岐にわたっているのですね。

「賦課金として各寺院から浄財を集めます。それを適正に使っていくのですから、慎重にならざるを得ません。宗務庁にいた時代は本当に遅くまで仕事をしていました。だからと言ってはなんですが、趣味と言えるものは何もありません」

―それで、現在の人たちに欠けるものがよく見えるというわけですか。

「わたしたちの時代は耐え忍ぶということしかなかった。いまは自分のわがままが何でも通る。抑制することも大切なのです。わたしたちがいる娑婆《しゃば》は忍土《にんど》。耐え忍ぶ場所という意味です。誰かの意見に反論して、力で押さえてはいけません。どんなに排斥されるようなことがあっても、耐え忍ぶことも必要。法華経はその教えが根本にあります。封建的な意味合いで考えないようにしてほしい。迫害に耐えて不軽《ふきょう》菩薩《ぼさつ》の実践を行った日蓮聖人だからこそ、人間を礼拝することで他人への慈愛、深い信頼が生まれたのです」

先日、ある僧侶の五十回忌で導師を務めた。「三十分の話をするのに、資料を集めて

三、四日間じっくりと考えていました。立派な方だっただけに、少しでも心に残る話をしたかった。まあ、下手の考え休むに似たり、だったのかもしれません」。一門を束ねる実直でこまやかな配慮こそ、不軽菩薩の実践なのだろう。

光長寺
沼津市岡宮1055
電　055-921-0484

多くの寺宝が収められている光長寺の御宝蔵（国の登録文化財指定）

【法華宗大本山光長寺】

宗祖日蓮の弟子日春、日法を開基と仰ぐ法華宗本門流大本山。光長寺の前身といわれる古刹の僧空存は日法に帰依して、日蓮から日春の名を賜り、二人で建治2年（1276年）に光長寺を建立。今川、徳川家から寺領を安堵《あんど》、元文2年（1737年）の寺領は3384坪。現在も門前の大楠の下の石橋から仁王門、中門を経て、大本堂に至る参道の両側に塔頭5坊が並び、往事の面影がある。仏教説話を収めた国の重要文化財宝物集など所蔵する。

教育に宗教心生かす

公立学校の宗教教育や宗教的活動は禁じられている。佐鳴湖畔の名刹臨済宗妙心寺派 龍《りょう》雲《うん》寺《じ》（浜松市入野町）住職で、常葉学園浜松大学長の木宮一邦さん（62）は学校だけでなく、家庭での人間教育に宗教心の必要性を説いてきた。他の宗教を否定し、宗教戦争を引き起こす原理主義の危険性を多くの人が訴える。教育者の立場で宗教心をどのように生かすのか。浜松市都田の浜松大学長室を訪ねた。

浜松大学長
木《き》宮《みや》一《かず》邦《くに》さん
（62歳、浜松市・臨済宗妙心寺派龍雲寺住職）

一彩《いっさい》両賽《りょうさい》

祖堂集にある禅語。二つの賽子《さいころ》を投げて同じ目が出ること。二物の優劣なきを示す。二つで一つ。一つで二つ。僧侶、教育者の二つの職業には優劣ない同じ意味を持つものだ、という。

▼学生に座禅経験

―私学ですから、宗教教育を取り入れるのは自由です。浜松大は妙心寺派関係の学校と聞きましたが。

「妙心寺派関係の学校は花園学園など全国に六校あります。常葉学園もその一つです。木宮和彦学園長は学園を始めるに当たって『全人教育』を掲げた玉川学園の小原国芳氏を訪ねています。そこでキリスト教的な教会があるから、キリスト教の学校かと尋ねると、小原氏は真っ赤になって怒ったのだそうです。『キリスト教を広めるための学校ではない。キリスト教を利用して人間教育をするのが目的だ。人間教育には宗教的雰囲気が必要』とおっしゃったことに感心した。ですから、ここも禅宗や仏教を広めることを目的とした学校ではありません」

静岡市瀬名の常葉学園本部には禅堂があり、幼稚園児から大学生まで合宿研修を行う。浜松大では入学式を終えると、新入生は二泊三日で臨済宗方広寺派の大本山方広寺で研修する。

―参加は強制なのですか。

「座禅は足が悪い人には無理に強制しません。満たされているのが当たり前の時代に臨済禅を使って不自由さを知ってもらう。一汁一菜の食事の時にはしゃべってはいけない、当然、携帯電話なども使うことはできない。食べるものを残してはいけない。小食ならば、食べる前に返しなさい、と教えます。ご飯粒の残った茶碗はお茶ですべてを流し込んでもらう。お茶の味が悪くなるとか、汚いとか、なぜこんなことを行うのか人間の生活の原点を体得してもらうために、強制的にやってもらう。飽食時代に育った学生にショックを与えたい」

―それでは、座禅の時に警策は使うのですか。

「必ず一度は全員に喝を入れてもらう。座れない時には足を崩しても構わないが、座禅を経験してもらう。いろいろな国で困っている人はいくらでもいるのは知っているが、なかなか自分の身の上には置き換えられない。阪神大震災の時、高層マンションは潰《つぶ》れなかったが、水をバケツに汲《く》んで十階にまで運ぶ生活を強いられていた。電気の力があればこそ、十階の自宅でもひねれば蛇口から水が出ていたのが、一日で変わってしまった。それは他人事ではないことが合宿研修で一杯のご飯に感謝することで気づいてもらえる」

―一般家庭でもなかなか理解されていないのでは。

「そうです。法事で家庭にうかがうと子供は二階へ行くように、と親が言う。うるさく騒いではいけないからだろうが、わたしは座らせて参加させる。亡くなった人への畏敬の気持ちを持って拝んでもらう。四十九日までに七日ごとに七回、お経をあげれば、子供だったら般若心経を覚えてしまう。子供にとって、お経を唱えることで敬虔《けいけん》な気持ちが生まれる」

▼寛容が最も必要

龍雲寺は浜名湖岸八十八カ所巡りの四十一番に当たる。

「ここの薬師堂に弘法さん（真言宗の開祖空海）をまつっています。仏教では他の宗教を外道《げどう》と言いますが、悪い意味ではない。キリスト教などの原理主義は他を邪道と呼ぶ。外道の場合、他の存在を認める。八百万《やおよろず》の神々をまつる神道と混合してきた。多くのものを受け入れることができる寛容が日本の宗教だと思う。だから、宗教戦争は起こらない。『いただきます、ごちそうさま』も仏教のことば。仏教や神道が持つ寛容がいま最も必要なのではないでしょうか」

—最近、浜松大学に熊谷弘元代議士を政治学の非常勤講師として迎え、話題となりました。熊谷元代議士は秘書の選挙違反で連座制の責任を問われていますが。

「抗議の電話など六件ほどあり、逆に学生ではないが、ぜひ、授業に出て聞かせてもらいたいという問い合わせも同じくらいあった。政治の世界では何が正しいのか分からない。学問は真理を追究するのだが、政治学の真理は難しい。政治の世界から足を洗うとおっしゃった熊谷さんが現在、話してくれることには重みもあるだろう。わたしの判断で決めたことですが、世間も寛容さを持って迎えてくれたのではないでしょうか」

文部官僚から東京家政大、中央大の教授、常葉短大学長などを務めた父乾峰《けんぽう》さん（故人）が師僧。浜松北高から東京大理学部で地質学を専門とし、東大大学院を経て静岡大教育学部教授などを務めた。常葉短大学長、二〇〇二年から浜松大学長。現在の経営情報、国際経済学部に健康プロデュース学部を新設する。

「特別顧問になっていただいている伏見工業ラグビー部の総監督山口良治さんを正式に教

授に迎えます。熊谷さん、山口さんのように評論家ではなく、現場をよく知っている実務家、教育に情熱を持っている方たちが、これからの大学教授としてふさわしい。学生たちの目の色が変わるような授業を期待したい」

　笑顔を絶やさない。寛容こそが教育者、住職に求められる資質なのだろう。

龍雲寺
浜松市入野町4702-14
電　053-447-1231

浜松大の学長室で執務をとる木宮学長＝浜松市都田

【五観《ごかん》の偈《げ》】

　禅寺で食事をいただく際に唱える。浜松大の方広寺合宿研修でも必ず、学生に唱和させる。「一つには、功の多少を計り、彼の来所を量る」（目の前にある食事が出来るまでの手数を思い、素材となったいのちの犠牲を理解し感謝する）など、五つの仏道修行の食事をいただく精神を表現している。むさぼり、怒り、愚かさをなくすよう心掛け、食事は良薬であり、健康を図るためにあり、仏道を成就するために体を養う食事をいただくことを知りなさいといった内容が続く。

沼津牧水会理事長
林《はやし》　茂《しげ》樹《き》さん
（65歳、沼津・浄土宗乗運寺住職）

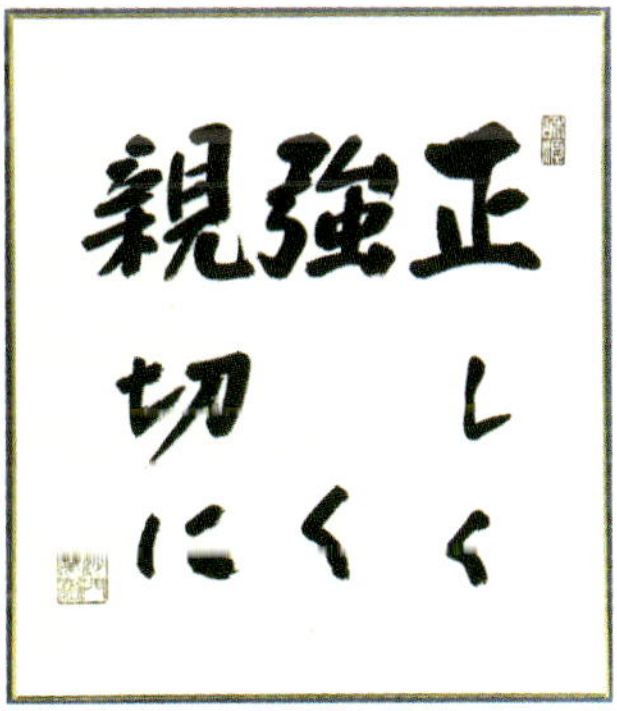

正《ただ》しく強《つよ》く親切《しんせつ》に

「智恵」「精進」「慈悲」を表現する。正しい智恵、判断力を培い、常に努力を怠らず、生きとし生けるものへの優しい思いやりの心を願い、乗運寺関連のルンビニ幼稚園の卒園児に、この言葉を贈っている。

酒の歌人温かみ伝える

旅と酒を愛し、歌集十五冊を残した歌人若山牧水は一九二八年、沼津千本松原近くの自宅で亡くなった。翌年には「幾山河越えさり行かば寂しさのはてなむ国ぞ今日も旅ゆく」の歌碑が千本松原に建立、遺骨は沼津市本字出口町の浄土宗乗運寺の墓に納められた。社団法人沼津牧水会理事長を務めるのが乗運寺住職林茂樹さん(65)。寺の山門を抜けると、すぐに白御影石の牧水の墓が端然とあった。

▼絶えない香華

—季節の花が手向けられていました。香華が絶えないのでしょうね。

「ええ、牧水を慕って多くの人たちが訪れています。『幾山河越えさり行かば』だけでなく、『白鳥は哀しからずや空の青海のあをにも染まずただよふ』『白玉の歯にしみとほる秋の夜の酒はしづかに飲むべかりけり』など数多くの歌が現在も広く愛唱されています。北海道から沖縄まで全国に二百八十を超える歌碑、文学碑などが立てられています。歌人の中では一番多いのではないでしょうか」

九八年、没後七十年を記念して沼津市で牧水顕彰全国大会が開かれた。その折に作成されたパンフレットは全国百三市町村に二百十五基の歌碑などがある、と記している。

—その後、建立されたというわけですか。

「ええ、それとともにこれまで伝えられていなかった歌碑の存在が明らかになっているのです。香川県にある瀬戸内海の小島・直島《なおしま》で発見されたというので、行って確認しました。即興の短歌、歌碑の側面には愛唱していたボードレールの詩『悪の華』のうちの『旅』の一節。直筆で書いたものが刻まれていました」

—なぜ、それほどまでに牧水が愛唱されるのでしょうか。

「訪ねた土地を愛して、褒めているからなのでしょう。行った先々で牧水は褒める歌を作っています。随筆や紀行文を読んでいても自然に対する優しさ、人や食べ物すべての観察が温かい。歌を通じて本当に温かみのある人だったことが分かる。香貫山にも牧水の歌碑があります。『香貫山いただきに来て吾子《あこ》とあそびひさしくをれば富士はれにけり』。沼津へ住み最初に詠んだ歌だと言われています。山があり、川があり、海のある沼津を気に入った。そんな様子がよく見えてきます」

〈私が沼津に越して来ていつか七年経った。沼津に何の取柄があるではないが、唯だ一つ私の自慢するものがある。千本松原である〉（時事新報「沼津千本松原」）

――二六年、静岡県が計画した千本松原伐採に牧水が反対したことはあまりに有名ですが。

「県は伐採した木を売り払い、財源にしようとしたのです。当時の住職林彦明《げんみょう》も伐採反対を叫びました。市民運動に発展し、人前で演説することの苦手だった牧水も熱弁を振るい、県は計画を断念することになります」

▼着流しの学者風

沼津牧水会会長に七六年に就任、沼津牧水記念館建設発起人会代表を経て沼津牧水会理事長。その他、県教育委員会教育委員長、静岡地裁民事調停委員、伊豆文学フェスティバル実行委員会副委員長などさまざまな役職を引き受けている。

「わたしは生臭《なまぐさ》の俗人ですから、坊さんとしてこんなところに登場する器量ではないんですよ」

――僧侶になるのに抵抗があったのですか。

「ええ、いやでした。戦災で乗運寺は焼けてしまいましたから、バラックの小屋に住んでいました。明治生まれの父（輝彦氏）にはぶん殴られ、庭掃除が終わらなければ朝飯を食べさせてもらえなかった。父は焼失した本堂建立に奔走した。それもあって、学校では坊主丸儲《もう》けみたいに思われていた。いやだった」

沼津東高から東大文学部印度哲学梵文学科に進んでいる。

「『いやでお寺を継がれたら、檀家の迷惑になる』と母（智恵さん）に言われました。『寺を継がない代わりに檀家や父が納得する大学へ行きなさい』。それで東大理科Ⅰ類を目指しましたが、落ちてしまう。母は『浪人したからと言って、徴兵され戦場に行くことにはならない。何年浪人しても目指すところに行きなさい』と言いました。ところが、その母ががんで入院してしまった。一年生きられないかもしれないと長男の私には知らされました。二浪しているときに恩師に相談しました。『坊さんになることを考えろ』。その一言でした」

東大入学後に智恵さんは五十六歳で亡くなる。初期大乗仏教をテーマに東大大学院修士、博士課程まで進む。現在、浄土宗基本構想行動計画策定委員を務める。有髪であり、ふだんは着流しの学者風で過ごしている。

—坊さんらしくないとの評判は他の仕事にも忙しいからでしょう。

「いえ、いえ、本当に生臭坊主そのものですから。酒ですか。私は相手がいなければ飲みません。牧水はふだん一日に『朝二合昼二合夕方六合締めて一升』飲んだと言います。とてもかないません」。その代わりか、牧水の酒の歌はすぐに口をついて出た。「それほどにうまきかと人の問ひたらばなにと答へんこの酒のあぢ」。率直、正直な味わいの人柄に酔わされ、牧水の愛した千本松原に足は向いていた。

乗 運 寺
沼津市本字出口町335
電　055-962-0840

香華が絶えない若山牧水の墓＝沼津市の乗運寺

【沼津千本松原】

名僧増誉上人は鬱蒼《うっそう》と茂っていたと伝えられていた千本松原が北条、武田の戦いで切り払われ、塩害に苦しむ人々のために自ら一本ずつ読経しながら植えた、と伝えられる。辛うじて千本を植え付け、枝一本腕一本という法度を設けて苗木を愛護させた。地元の人たちが感謝して建てた庵が乗運寺。牧水は松原の松は曲がりくねったものがなく、杉や欅《けやき》に見る真っすぐな幹を伸ばして矗々《ちくちく》と聳《そび》えていると賞賛。牧水歌碑の近くで増誉上人の像が松原を見守る。

本音で平凡に暮らす

ペンネームは牛次郎《ぎゅうじろう》。「庖丁人味平」「釘師サブやん」（漫画・ビッグ錠）など数多くのベストセラー漫画の原作者として知られる。四十歳を過ぎて出家、一九八九年に伊東市富戸に禅系単立の願行寺《がんぎょうじ》を建立した住職の牛込覚心さん（64）。東京・新橋に別院を構え、伊東と新橋の間を往復する。伊豆急富戸駅を降りて高台を上っていくと、相模湾を見晴らす眺めのいい場所に願行寺があった。

漫画原作者、小説家
牛《うし》込《ごめ》覚《かく》心《しん》さん（64歳、伊東・願行寺住職）

大愛《たいあい》

一休禅師は般若心経提唱で「摩訶《まか》とは大という心なり」と説く。愛は反転すると憎しみとなる。憎しみのない“絶対愛”は見返りを求めない愛、人間ではとても持つことのできない仏の愛を指す。「慈悲」であり、智恵（仏智・般若）より出ずる、という。

―名刺に「禅系単立」とあります。どういう意味なのでしょうか。

「本山に縛られない、末寺はありませんが、ここが本山。弟子は北海道、沖縄にいますが、上下関係に縛られない。熱海の臨済宗の僧侶に得度を受けましたから、臨済系と言ってもいいのですが、曹洞宗の宗祖道元禅師の言葉をつづった『修証義』に深く影響を受けています。何事も節度を持ってやっていれば問題はない」

▼仏教著書は30冊

―檀家《だんか》は伊東市周辺が多いのでしょうか。

「いえ、この近所は非常に少ない。ゼロからスタートして現在、五十軒前後で北海道から沖縄まで全国にまたがっています。三十冊を超えた仏教関連の著書を読んで、手紙を頂き、直接、ここを訪ねて来られます」

「出家のすすめ」（ＰＨＰ研究所）「生と死の般若心経」（スコラ社）「生と死の観音経」（東明社）「臨終」（カッパブックス、光文社）「沢庵和尚心にしみる88話」「話の泉一休さん一〇〇話」（いずれも国書刊行会）など仏教関連書もさまざま。

―最近では「一休さんの般若心経提唱」（国書刊行会）を出されましたが。

「一休さんは玄奘三蔵《げんじょうさんぞう》を底本とした個性的な『般若心経提唱』を著しています。読んだ瞬間に電流が走り、即座に解説を書きたいと思いました。若い人たちにも理解できるものにする、私なりの解釈というか感想を記して、読み物としておもしろいものにしたい。そんな意図で書きました」

―非常におもしろく読ませていただきました。

「そうですか。私を一休さんに似ている、と他人に言われて、自分では気が付かなかった。一休さんの姿を描いたものを見て、なるほどこれはよく似ている、と。それでますます好きになりました。七十歳を過ぎて、尼さんと暮らす。亡くなる時、尼さんに抱かれながら、死ぬのは怖い、死にとうない、死にとうない、と本音を漏らしています。やはり、私に似ている。悟りを啓《ひら》いて、一巡りして平凡に暮らしていく。いい人生だな」

東京・浅草の出身。都立高校を中退すると、コック、バンドマン、新聞記者など三十数種の職業を転々とした。夕刊紙のコラムを経て「庖丁人味平」の漫画原作が大ヒット。当時「巨人の星」の梶原一騎、「子連れ狼」の小池一夫と並んで漫画原作の一時代を築いた。小説「リリーちゃんとお幸せに」で角川書店の新人賞を受賞。この他、テレビ脚本、音楽など多岐にわたる活躍を続けてきた。現在も少年漫画「プラレスラーＶＡＮ」などの原作をはじめ、小説など手掛ける。

▼祖母、母は霊媒師

―どうして出家をなさったのですか。

「祖母、母が浅草で霊媒師をしていた。それで食える時代ではなかったが、祖母、母は頼まれて拝んでいた。子供の時からお経を読んでいたから、意識の中にはあった。宗教は嫌いだったが、信仰心、霊感が強かったのだろう」

―苦労なさっているだけに現在の仏教界がよく見えるのでは。

「先日、曹洞宗関連の雑誌を読んでいて直葬《じきそう》という言葉が出てきてびっくりしました。死後、二十四時間たたないと火葬はできません。葬式も何もしないで二十四時間後に焼いて、お骨を押し入れにしまっておく。それを直葬と呼ぶのだそうです。僧侶の出番はありません。その他、家族のみで弔いをする家族葬、身寄りなどのない人の福祉葬などが新しいスタイル。いずれにしても僧侶は不要ということになります」

―それで僧侶の生活はどうなりますか。

「既に葬儀社のダンピング合戦が始まっている。バブルの時代に極端に費用を掛けた。そのツケがいまになって出てきた。葬儀にそんなに莫大《ばくだい》な費用が掛かるのならば、質素にやったほうがいい。もっと言えば、直葬のように何もしなくなるという極端なことに走り、平成不況で本音が出てしまった。それでは景気がよくなったら戻るかというと、一度壊れた文化はどうにもならない」

―どうなっていくのでしょうか。

「寺院は生活の基盤を作っておかなければならない。都会では寺檀制度は既に崩壊しています。坊さんのなり手がない。どのように生きていくのか逆に坊さんのほうが悩んでいる。心の中では坊さんを辞めたいと思っている人も多い。もっと尼さんが増えた方がいい。坊さんでなければ葬式ができないわけではない。尼さんは一生懸命に対応する。女性の複雑怪奇な悩みに応えられるのも尼さんだろう」

―僧侶に対する厳しい批判もあります。

願行寺
伊東市富戸1164-7
電　0557-51-3951

「別に坊さんに限らない。どこの職種でもだめなやつはいる。お巡りさんが裏金を作って飲食をしている時代だから。下を見ても、上を見ても切りがない。自分でできることをしていく」

　組織に属さず、個人の立場で世俗の垢《あか》にまみれ、そこで養った観察力には他の僧侶は到底かなわない。僧侶の悩みや相談の受け皿をつくり、仏教界に新たな刺激を与えていく。

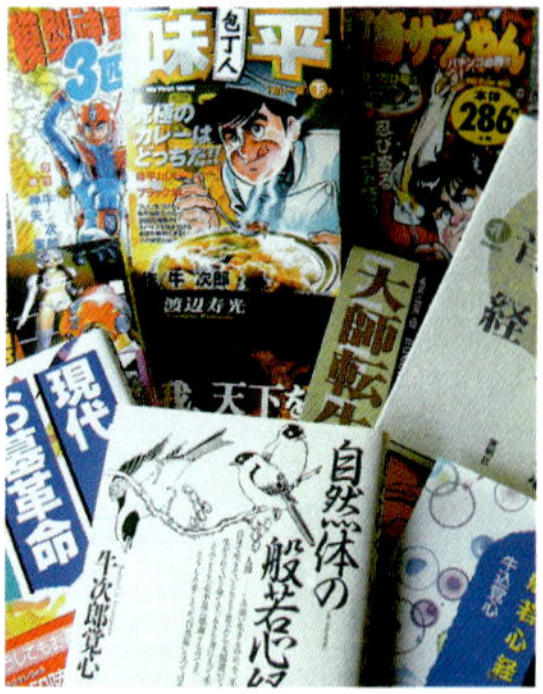

「庖丁人味平」など数多くの漫画原作、小説など1000点以上の著作がある

【一休禅師】

　臨済宗の僧。テレビのとんち一休さんのイメージが強いが、かなり風変わりだった、とされる。1394年生まれ。6歳で出家、長い小僧生活を送っている。88歳の生涯で、晩年の10年は盲目の美しい尼森《しん》侍者と暮らす。「狂雲集」に残る遺戒では、弟子らに、自分が死んだら、ひっそりと山林で過ごすのもいい、酒場で飲み、女を抱くのもいいが、禅を説きこれが人生なのだ、と偉そうに人前で話す者がいたら、仏法の盗人であり、一休の敵だとした。本音、真実の部分を大切にした。

民衆の心に溶け込む

八十一歳の時、新潟県佐渡市にある日蓮宗世尊寺住職から一般に北山本門寺と呼ばれる、大本山重須《おもす》本門寺貫首《かんじゅ》に就いた本間日諄さん（88）＝富士宮市北山＝。旧制佐渡中学校を卒業後、東京で一年間学んだ以外、佐渡を離れることはなかった。日蓮宗七大本山のうち、宗祖日蓮の高弟日興が開山、富士山の山号を持つ名刹《めいさつ》本門寺を訪ねた。

日蓮宗大本山重須本門寺貫首
本《ほん》間《ま》日《にち》諄《じゅん》さん（88歳、富士宮市在住）

○（円相）

○は「一円相」とも「円月相」とも言い、欠けたことのない姿、仏の姿そのものを表す。「円光独露《えんこうどくろ》」は「従容録」にある。「処々円光独露《しょしょえんこうどくろ》　明歴々露堂々《みょうれきれきろどうどう》」とある。守拙は筆名。

▼佐渡と日蓮聖人

—日蓮宗にとって佐渡は大きな意味を持つのですね。

「日蓮聖人は瀧口《たつのくち》での斬首《ざんしゅ》を免れましたが、佐渡に流されます。佐渡は遠島流罪の島。遠流《おんる》の島は地獄の島と言われた。それだけ、厳しい生活を強いられた。野宿に等しいお堂で耐え忍ぶ。二年四カ月にわたる佐渡での生活を支えたのが法華経信仰。ここで法華経行者を自覚された日蓮聖人は不朽の聖典『開目抄』を著します。『我日本の柱とならん、我日本の眼目にならん、我日本の大船とならん』。有名な三大誓願がここで生まれた。さらに、法華経本門の教えの中心である本尊と題目についての見方、考え方を示した『観心本尊抄』。日蓮宗のご本尊となる『大曼荼羅《まんだら》』の文字配列による図示を決め、布教の旗印とした。佐渡は『日蓮の島』と言ってもおかしくない」

—佐渡にいらっしゃる時にお書きになった「日蓮の佐渡越後」（新潟日報事業社）を読ませていただきました。住職をされていた世尊寺をはじめ、本当にゆかりの寺院が法灯を守っていることが分かりました。

「そうか。法を伝えた日蓮聖人の遺跡を巡るカラーガイドブックとして作った。十五年前に出されたが、いまも好評を持って迎えられている」

—佐渡では日蓮宗が最も信仰されているのですか。

「いや、残念ながら最も多い寺院は弘法大師の真言宗。だから、三百ある寺の半分が真言宗、その後に禅宗、浄土真宗が続き、日蓮宗は二十六カ寺にすぎない」

—それでも「日蓮の島」なのですか。

「離島の哀《かな》しさか、本土に比べて大きな格差がある。水揚げされた新鮮な魚はすべて都会に行ってしまう。文化的な恩恵に浴しにくい。物価も高いだけに生活も貧しい。いくら日本が経済大国になったとは言え、全国に三百ある離島振興は必要だ。遠流の島に日蓮聖人だけでなく、順徳上皇、日野資朝、冷泉為兼、観世元清ら多くの歴史上の人物が暮らした。日蓮聖人らが佐渡で過ごしたという歴史を生かしていく。佐渡の活性化にもつなげるという意味で『日蓮の島』と呼びたい」

—著書略歴にミニ独立国「アルコール共和国」初代大統領とありましたが。

「ああ、昭和六十二年ころか、合併前で当時は真野町と言っていた。町観光協会長を務めていた。貧しい町村が地域おこしをする。それで全国で十三番目の〝独立国〟をつくった。パロディーとユーモアだ。明るい国づくりをしなければ。島に七つある蔵元のうち、四つが真野町にある。地域産業の地酒を売っていくためにアルコール共和国。ここに来て思うが、恵まれた静岡の坊さんでは分からないと思う。威張ってばかりでは民衆の心に溶け込むことはできない。一緒にふるさとづくりをしていくことで日蓮聖人の教えが理解できる」

▼良寛の書目指す

師僧は父俊明さん。旧制中学を出ると、一年間、田中智学が主宰した日蓮主義の国柱会で学んだ。一九五四年に俊明さんが亡くなると、世尊寺住職を八十一歳まで続けた。三十八年間、教職にもあった。

―佐渡の本間と言えば、代々の領主も同じ苗字ですが。

「明治になって苗字が許された時、みんな本間様にあやかって付けた。佐渡には本間が多いですよ。父は農家の四男で貧しかった。本間様とは何の関係もない。ただ、父には厳しく教えられた。作務だけでなく、人前で立派に話をすることができ、他人に劣らない字を書くことができる。その二つを徹底的に言われた。旧制中学の書道は一年のみだったが、私は教師に頼んで三年間通いました。戦時中には通信教育で肉筆手本の書道を習った。その時の先生に『坊さんなのだから、日展などの公募展はおよしなさい。一生涯かかって良寛を書きなさい』と言われた。良寛の書を見た時、ああ、心がきれいな人だと分かった。良寛は『学貧』の生涯を送った。どこにも属さず、良寛の書を目指した」

―話題になった映画「赤目四十八瀧心中未遂」の題字を書かれたことも聞きました。

「監督の荒戸源次郎さんから頼まれました。先日開かれたブルーリボン賞のお祝い会に出席できず、主演した寺島しのぶさんたちに私の書を贈りました。書が新たな絆《きずな》をつくってくれます」

―毎月、檀《だん》信徒向けに出されている回報「閑古錐《かんこすい》」。どんな意味ですか。

「古くて役に立たない錐が年取った自分であると考え、つれづれの思いをお伝えしようと書いている。三十号までを一冊にまとめてみました」

―静岡の住み心地はいかがですか。

本門寺
富士宮市北山4965
電　0544-58-1004

「すべてに豊かだ。目の前に富士山がある。静岡の人は富士山を誇りにして生きていくことができるから素晴らしい。どこから見る富士山もいいが、中でも一番いい富士山がどこか教えよう。そう。剣が峰が真ん中に見え、すっくと立つ。この寺から見る富士山が一番いい」

一気呵成に円相を書き上げる本間さん

【良寛《りょうかん》和尚】
曹洞宗の僧侶。1758年、新潟・出雲崎の名主の子として生まれ、18歳で出家、岡山・玉島で10年間の修行を経て、74歳の生涯を寺に住まず、経を読まず、弟子を取らず、妻子もなく、孤独に乞食《こつじき》放浪の暮らしを送った、という。残されている多くの詩歌、墨跡は禅の深い境地を思わせる。宗旨にこだわらず、子供らを愛した自由人だった。一首のみ富士山を詠んでいる。「言の葉もいかがかくべき雲がすみ晴れぬる今日の富士の高根に」。どこから眺めたかは分かっていない。

曹洞宗誕生寺住職

春《はる》木《き》龍《りゅう》仙《せん》さん（70歳、湖西市出身）

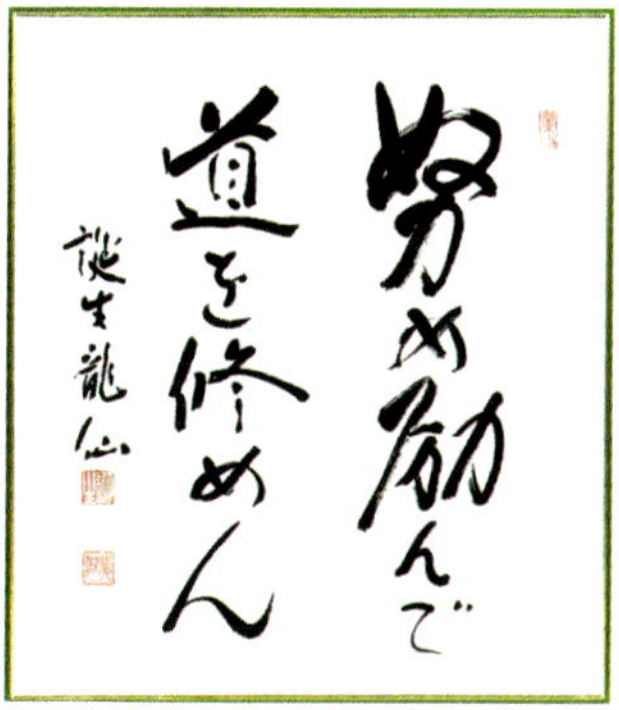

努《つと》め励《はげ》んで道《みち》を修《おさ》めん

春木龍仙住職の飾り気のない、そのままの言葉。どんなに門前払いを食っても、宗祖道元の誕生寺を建立するのだ、という決意がそこにある。死ぬまで修行は続く、どこまでも耐え忍ぶのが人生なのだ、という。

寺復興へ16年間奔走

曹洞宗の宗祖道元は内大臣久我通親《こがみちちか》を父に、関白太政大臣藤原基房の女《むすめ》を母に京都の公家一族に生まれた。久我屋敷跡に建立された道元ゆかりの誕生寺は荒れ果て、小さなお堂が残されていた。湖西市出身の誕生寺住職春木龍仙さん（70）＝京都市伏見区久我本町＝は一九八一年十一月、建立を発願した。十六年かけて全国の寺院を回り、喜捨を呼び掛ける。二〇〇〇年、生誕八百年大法要がここで盛大に行われた。京都・嵐山から続く桂川のほとりにある誕生寺を訪ねた。

――大正の初め、道元七百年遠忌に誕生寺が建立されたと聞いていたのですが。

▼誰かがやらねば

「その通りです。大本山永平寺六十六世に就いた日置黙仙禅師が道元禅師の生誕を顕彰するため、末裔《まつえい》の久我通久公爵とともに大寺院建立の計画を立てられたのです。大正七年（一九一八年）一月に地鎮祭、九年五月に福井にある妙覚寺が道元禅師自作のご尊像とともに遷座されましたが、日置禅師が四カ月後に突然、亡くなります。仮本堂だけが残り、大計画は頓挫《とんざ》してしまいました」

――復興を発願された経緯をお聞かせください。

「若気の至りだったかもしれません。ただ、誰かがやらなければならなかった。ここに初めてやってきた時、仮本堂周辺の約五千坪の土地のうち、三千八百坪を先住が売り払ってしまっていて、草茫々《ぼうぼう》の荒れ放題。永平寺で雲水をまとめる維那《いの》の仕事をしていて、法友は多かったし、時期もよかった。日置禅師が袋井の可睡斎（曹洞宗道場）住職をなさっていて、父であり師僧の春木義光《ぎこう》が仕えていたことも因縁だったような気がします。誰かがやらなければ。踏ん切りを付ける人がいなかっただけでしょう」

――どこから始めたのでしょうか。

「まずは豊川稲荷（曹洞宗妙厳寺）の稲荷鎮守堂建立から。全国一万五千カ寺の曹洞宗寺院に趣意書を送り、呼び掛けました」

――それで、いかがだったのですか。

「ほとんど反応はありませんでした。お寺さんはそれぞれの寺院を守っていくことで大変なのでしょう。それぞれ個別に頼みに行くしかない。日蓮さんの小湊の誕生寺をはじめ、他の宗派に立派なのがあるのに、道元禅師にはないに等しい。すべての法友が建てたらいいと思っている。会って話せば、発願の決意、ご開山に対する思いを分かってくれる」

――それで十六年間にわたって全国を回ったのですか。

「北海道から九州まで、壱岐、対馬などの島々まで渡りました。大きなお寺でも門前払いを食ったことはしょっちゅう。北海道の坊さんたちには助けられた。お寺を建立する苦労をよく知っていたのでしょう。私は通算して二十一年間、本山で修行した。その間、多くの雲水の面倒を見ていたから、行く先々で知った顔があった。寺構えはさほどではなくても、心から誕生寺復興を支援してくれた坊さんも多かった」

鎮守堂の次に本堂、山門、庫裏などが完成。鐘楼堂、座禅堂、境内の整備も済んで、二〇〇〇年一月二十六日の降誕会《ごうたんえ》には、当時、百歳になられた永平寺の宮崎奕保《えきほ》禅師が出席、宗門全体で初めて道元の生誕を祝った。本堂内陣には道元の自作像とともに、新たに刻まれた、合掌する誕生仏がまつられた。

「関西でも道元禅師と言えば、永平寺のある福井の人と思っている。京都生まれと知っている人は非常に少ない。この辺りも曹洞宗の檀《だん》信徒は少ない。誕生寺を拠点にさらなる布教に努めたい」

▼授戒会の直檀長

―道元ゆかりの三十二禅刹《ぜんさつ》と聞いていますが。

「寺院を知ってもらうために京都、滋賀、福井の三十二カ寺でそんなパンフレットを作りました。先日も男性がやってきて、『朱印はないのか』と尋ねるので『ない』と答えると『説教を聞きに来たわけではない』と怒って帰っていきました。禅語を書いてお分けしますが、朱印はありません。説教ではなく、住職と話をする。それが生きた仏教体験になると思うのですが」

湖西市の慶雲寺に生まれた。新居高校から駒沢短期大仏教科に学ぶ。永平寺で雲水九年の修行を経て、奈良・下北山村の正法寺住職に。

「二十分も行けば、熊野灘という田舎の村。本山から一年だけ行ってくれと言われたのですが、そのまま四十年になってしまった。毎月一回、ガリ版刷りで回報を作成し、各戸に托鉢《たくはつ》で回って渡してきた。ことし二月に五百号を迎えました」

盲目の佐藤泰舜禅師からのたっての願いで侍者となり、再び永平寺に上がった。七年間侍者の役目を務めると、雲水をまとめる維那を引き受ける。誕生寺建立はそんな多忙の日々の中で進めた。長崎にある檀家千五百という大寺院皓台寺住職の兼務ともなり、京都、奈良、長崎を飛び回る。最近五年間、永平寺の春の授戒会《じゅかいえ》の直檀長《しきだんちょう》を務める。戒師は宮崎禅師。

「授戒会は仏教信者としての証明、生きながらに戒名が与えられる。毎年全国から二百人から三百人が永平寺にやってきます。直檀長はさまざまな指示を行い、儀式を取り仕切る役目。一番おもしろい」

奈良の正法寺でも三度の授戒会を行っている。「知識などなくていい。あればいろいろなことを考える。お授戒を一回経験すれば仏教信者だったことが分かる」

誕生寺
京都市伏見区久我本町3-1
電　075-932-4650

16年間、全国を回り喜捨を呼び掛けて復興した誕生寺

【誕生寺】
日蓮が生まれた千葉・天津小湊に誕生寺がある。１２６７年、日蓮が開山。日蓮誕生の際、喜んだ鯛が群れ集まったという伝説があり、地元では鯛を日蓮の化身として捕らなかった、という。岡山・久米南の法然が生まれた館跡にも誕生寺がある。１６９５年に再建された御影堂（本堂）は国の重要文化財。幼少の時、父が亡くなり、京都に出て行った法然が生涯、この地を踏むことはなかった、という。弘法大師三大霊場の一つ、香川の善通寺も誕生寺の別号を持つ。空海が生まれた場所にちなんだ。地元では〝お大師さん〟と親しまれている。

曹洞宗洞慶院住職

丹羽鐵山《にわてっさん》さん（82歳、静岡市在住）

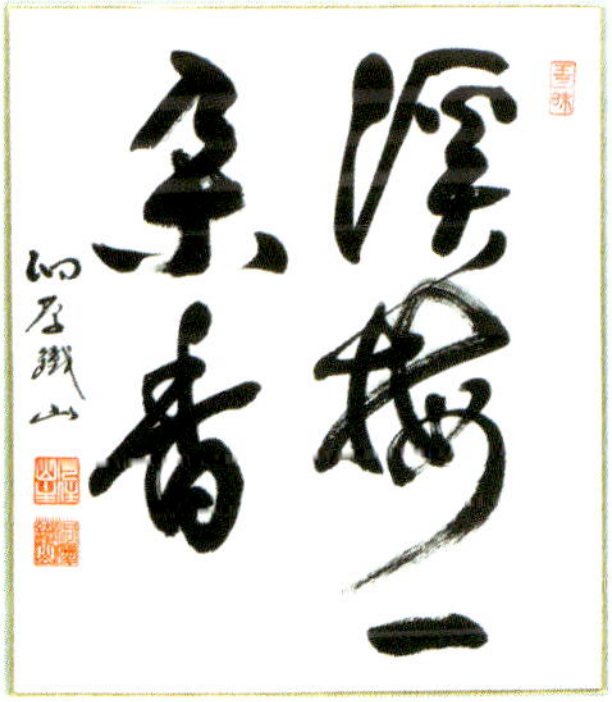

渓《けい》梅《ばい》一《いち》朶《だ》香《かんばし》

道元は「正法眼蔵《しょうぼうげんぞう》」梅華の巻で悟りの心が熟す時は、対立のない世界が現れる、まさに梅の花が開花、辺りに清らかな香りを放っている調和の世界、という。谷間の深いところで一枝の梅が厳しい寒さ、暑さを経て、清らかな香りを発している。

「お授戒」で仏心自覚

梅の開花時期には多くの人々でにぎわう静岡市羽鳥の曹洞宗洞慶院《とうけいいん》。先住だった丹羽廉《れん》芳《ぽう》禅師が大本山永平寺七十七世貫首に就任したのを受けて、一九八六年から住職を務める丹羽鐵山さん（82）。久住川の流れを上り、突き当たると青梅の収穫を終えたみずみずしい緑豊かな梅林が広がる。樹齢五百年前後の杉木立の参道を抜け、四方を山々に囲まれた古刹《こさつ》洞慶院を訪ねた。

―京都・誕生寺の春木龍仙住職にお会いしましたら、来年十一月に一乗寺（静岡市清水庵原町）で行うお授戒で丹羽住職が戒師を務められ、春木住職が直檀長《じきだんちょう》（僧侶らを取り仕切るまとめ役）を務めるのだと話されていました。

▼廉芳禅師13回忌

「来年十一月に師匠（廉芳禅師）の生誕百年祭とともに、十三回忌を執り行います。一乗寺は師匠に続いて、私が住職を務めました、そのご縁を借りてお授戒を催します。師匠の法恩に報いるため、まだまだ未熟ですが、お授戒を立派に執り行いたい。それで、本山（永平寺）で直檀長を務めている春木さんにお願いしました。師匠は永平寺の禅師になられてからお授戒運動を全国的に進めました。ただ、宗門の大行事としては決まりが多く、大勢の人数が必要なため地方ではなかなか難しい。めったに催すことができません」

―そもそもお授戒とはどういったことでしょうか。

「仏戒を自覚した人に、その証明として仏弟子として繋《つな》がる血脈《けちみゃく》を授けます。血脈は昔は極楽大往生の通行手形と言われていました。戒師は血脈を書いて、折っていきます。血脈の裏側には個々人の戒名が書かれます」

―戒名は亡くなった時に、頂けるものとばかり思っていました。

「葬式もお授戒と同じですよ。ですから、血脈をお棺の中に入れて差し上げるのは戒師の役割。場所によっては骨壺の中に血脈を納めるところもある。僧侶は戒師として葬式に立ち会うのです。それとは違い、生きて仏心に目覚めてもらうのがお授戒です。お授戒は地方では五日間、本山では七日間と決まっています。お授戒を終えれば、血脈を授け、戒名が与えられるのです」

―戒名が授与されるのは、仏の弟子になったという意味なのですか。

「その通り。曹洞宗では四字が戒名。師匠は瑞岳廉芳、私は鐵山玄道。僧侶の場合は、僧名と号を重ねる。授戒では戒名師がそれぞれの職業、辿《たど》ってきた人生などを慮ってそれぞれの戒名を付けます。お授戒を受けて『血脈』を貰《もら》えば、生き仏になるのです。師匠は修行するのだから、功徳を授かり長生きすると言っていました」

永平寺の春の授戒会《え》には全国から二百人から三百人が参加、朝四時半起床、夜九時就寝の間に座禅、礼拝、聞法などの七日間の修行が続く。戒師は丹羽禅師の跡を継いだ永平寺七十八世の宮崎奕保《えきほ》禅師。費用は四万円前後という。

―かなり厳しいのでしょうね。

「ある程度の体力は必要ですが、八十歳過ぎた方たちも多い。戒師の宮崎禅師は百四歳ですから。それでも誰よりも早く起床され、座禅されると聞いています。地方では泊まりではなく、通いでいいことになっていますので、ずっと余裕があるでしょう」

道元の著作『正法眼蔵《しょうぼうげんぞう》』のエッセンスをまとめた、宗門の聖典『修証義』は全五章に分かれる。お授戒、つまり仏になるための方法を第三章「受戒入位」で説く。

「第二章で過去の罪について懺悔《ざんげ》を行い、第三章で、お授戒、受戒入位によって仏心を自覚する、さらに第四章で仏心を体得して泥まみれになってやり抜く。理屈抜きで感動する体験ができると思います」

廉芳禅師は百回以上、お授戒の戒師を務めている。

「師匠が亡くなったため、平成七年に遠州の寺院で戒師を務めさせてもらいました。師匠の遺言『思い遣《や》りが二十一世紀の心となる』という信念を守り、弟子として貫きたい。十人十色でさまざまな生き方はあるが、それぞれが精いっぱいでしょう。仏心の相続としての決意を固めるのが、お授戒。師匠の十三回忌にふさわしいお授戒にしたい」

▼12歳で一乗寺へ

伊豆・修善寺の生まれ。廉芳禅師の父方の係累につながる。十二歳で廉芳禅師が住職を務めていた一乗寺に入った。

「農家で兄弟姉妹七人の中で育った。十二歳の出家当時、師匠は三十歳くらいでした。それまで話もしたことがなかった。坊さんになるという話は、突然のことで、いいか、悪いかも分からなかった。何も考えていなかった。その気になれば、勉強も自由にできるし、大学へも行ける。師匠も十二歳の時に出家、洞慶院に入っています。師匠の笑顔に何の抵抗もなく、優しく迎えられました」

駒沢大学在学中に学徒動員。熊本で終戦を迎える。復学した後、永平寺で修行。一九四九年に一乗寺住職。仏鑑、仏庵、廉芳らの名僧を経て洞慶院の法統を守る。

「私はただただ師匠の跡をついていっただけです。東奔西走、先住らの努力を汚さぬようにするのが務め」

廉芳禅師の著作「みんな如来様だよ」は修証義の心を説く。「師匠はお授戒で生きながらに如来様、観音様の位に入ると言っていました」。苦しみ、悩む私たちに温かい励ましを与えてくれるのがお授戒なのだろう。

洞 慶 院
静岡市羽鳥1840
電　054-278-9724

四方を山々に囲まれ、緑豊かな梅林が続く洞慶院

【丹羽《にわ》廉芳《れんぽう》禅師】
伊豆・修善寺の出身。12歳で洞慶院住職丹羽仏庵老師について得度、旧制静岡高から東大文学部印度哲学科卒業。29歳で一乗寺住職、50歳で洞慶院に移る。永平寺東京別院監院、永平寺副貫首から79歳の時、77世貫首。就任に当たって「慈光円海禅師」の称号を賜る。日本スリランカ仏教友好協会の設立に尽力するとともに、海外で平和の大切さを説いた。１９９３年、88歳で亡くなった。お授戒の説戒師、戒師を務め、定評のある説教は、静岡方言の残る温かみにあふれ、多くの人を励ました。

卓球を通し仏教伝道

戦時中、小学生の時に出合った卓球のとりこになる。全国卓球ベテラン会、県卓球協会会長で、浄土宗来迎院《らいこういん》住職山田侚孝さん（71）＝静岡市横内町＝は高校、大学と日本卓球界をリードするスター選手として注目を浴び、その後は指導者として活躍してきた。老若男女「心身の健康」につながる卓球は現代仏教の新たな伝道方法かもしれない。

―静岡大の教官らを中心にＮＰＯ法人卓球交流会が設立されるなど、県内でも卓球の楽

全国卓球ベテラン会会長、浄土宗来迎院住職

山《やま》田《だ》侚《じゅん》孝《こう》さん（71歳、静岡市在住）

益者三友《えきしゃさんゆう》

「親切」「智恵」「誠実」の三つの徳を備えた三人の友人を選びなさい、という中国のことわざ。スポーツを通して、自分自身を戒め、教えてくれる友にそんな性格の者が多かったのだ、という。

しさが見直されています。卓球の魅力とは何ですか。

▼触れ合いが魅力

「いろいろな人たちと触れ合うことができる。野球やサッカーなどに比べて、身体への負担も少なく、高齢になってもスポーツとして楽しむことができる。競技としては自分の努力次第で技術が向上する。そんな点でしょうか。昔、卓球台は旅館や公民館など多くの場所に置いてあった。きっと一度はラケットを手にしたことがあるでしょう。誰でも簡単に参加できるスポーツ。小学生はもちろん主婦、定年退職した男性、お年寄りらまで一緒になって楽しむことができる」

―それが全国ベテラン卓球大会につながるのですか。

ことしで三十九回を迎え、二月に静岡市中央体育館で開催。韓国、中国、台湾、香港などの海外をはじめ全国から約千人が参加した。

「ええ、そうです。こちらは日頃《ひごろ》の練習の成果を発揮してもらう場になります。四十歳以上の愛好者が五歳刻みでそれぞれ年齢別グループに分かれて試合をします。最初は私の周辺で始まって、それが大きくなり、いつの間にか世界中の人々が参加してくれるようになりました。ことしも八十歳以上の方が四十人も参加しました。静岡からも卓球の盛んな台湾のベテラン大会に年二回参加していました」

六月初旬、横浜市で世界卓球ベテラン大会が開催され、約二千五百人が参加した。

「東ヨーロッパ、ドイツなど多くの友人らが来日しました。昔、選手だった時代、東ヨーロッパなどに遠征して知り合った仲間たち。それぞれの国の言葉に堪能というわけにはいかないが、卓球となれば会話はすべて英語で通じる。いつまでも卓球を楽しんでいる仲間たちとの交流は変わりません」

大学時代、学習院に在学されていた天皇陛下に卓球を指導した経験を持つ。

「美智子さまが失語症で宮内庁病院に入院され、当時、リハビリに卓球をなさったと聞いています。過度な負担を与えるスポーツではなく、心身への効果は大きい。昨年十一月、わかふじ大会の身障者卓球大会が浜北市で開かれました。その折、皇太子さま、雅子さまに説明をさせていただきました。皇太子さまは『多少はやりますが、陛下にはとてもかないません』とおっしゃっていました。体調を崩し長期ご静養中の雅子さまも、ぜひリハビリで卓球をなさってほしいと思います」

▼国体などで活躍

一六〇九年、徳川家康が開基、修行僧百人以上を有する学寮十二棟が並ぶ由緒ある寺院に生まれた。師僧は父の山田顕達さん(故人)。戦時中、寺院の経営した幼稚園の卓球台で自家製のラバーなしラケットを使い、代用のピンポン玉で遊んだ。

「日本中が敗戦で打ちひしがれてはいましたが、混乱の中でもみんなスポーツへのあこがれはありました。卓球にのめり込んだのは静岡商業学校で卓球クラブに入ったのがきっかけ。中学三年生で県大会優勝、国体の代表に選ばれてベスト8になり、ますます卓球が好きになりました」

専修大学に進む。四年生の時、浜松商から専修大に入った同級生川井一男氏（71）とペアを組み、北海道で開催された国体で優勝。卒業後、知恩院華頂《かちょう》専修学院で一年間修行した後、静岡女子商の教員となり、卓球部監督として指導。一九六七年のアジア大会で実績を買われてジュニア監督となり、優勝に導く。二十九歳で県卓球協会理事長として事務運営を任され、十年ほど前から会長職。

「指導の最も重要な点は『ありがとう』と言える気持ち。仏教でも同じです。心から相手に頭を下げることができなければなりません。選手にはそこを厳しく教えたつもりです。貧乏寺ですから、教職の傍ら、こんな自由に卓球をやることができた。江戸時代は三百石の禄高《ろくだか》。その代わり檀家《だんか》はなかった。戦前から幼稚園経営をやった。卓球に出合えたのもすべて縁だと思います」

―卓球漬け人生に悔いなし、というところでしょうか。

「住職になるまで寺院関係のつきあいはほとんどありませんでした。卓球一辺倒。だから、住職になってから、静岡市仏教会に青年部をつくり、他宗派の坊さんらとさまざまな活動に取り組んだ。京都の劇団を呼んで公演してもらった。打ち合わせから開催まで心が一つでなければ、イベントは成功しない。檀家とも卓球以外のいろいろな話をすることで親しくなった」

隣接する幼稚園では仏教、卓球を通して人間教育を実施。「卓球でもトップレベルになるには奥深い技術だけでなく、精神的な部分が大きい。土壇場での底力をどのように出すことができるか。何回も失敗し、じっくり反省することで見えてくる」。勝負の世界で、何度も修羅場をくぐり抜けた。心身の健康だけでなく、勝つ迫力も仏教伝道に大きな役割を果たすのだろう。

来 迎 院
静岡市横内町102
電　054-245-3928

来迎院のすぐ隣にある民間卓球場で指導に当たる山田さん（右端）

【徳川家康と駿府】

来迎院には家康が植えたとされる樹齢三百年以上のヤマモモの木が戦災を免れて残る。また、家康が寄進した六曲一双の南蛮人渡来屏風《びょうぶ》は長らく寺宝とされていたが、静岡藩主だった徳川家達に献上、さらに皇室へ献納。現在は宮内庁尚蔵館の所蔵。その他、静岡市内の華陽《けいよう》院は祖母の源応尼の墓があり、祖母の菩提を弔うために建立。臨済寺に家康（竹千代）が幽閉されたというのは後代の伝説であり、実際には華陽院、あるいは円光院で書学を習った、という諸説が残されている。

法隆寺の法衣に身を包んだ立松和平さん（前列右）が法要の行列の先導を務めた＝北海道斜里町の知床毘沙門堂

知床毘沙門堂総代
立《たて》松《まつ》和《わ》平《へい》さん
（56歳、作家）

自然豊かな森の中に参道が作られ、正面が観音堂、毘沙門堂はその右奥にある

宗派の垣根を越えて

北海道・知床に小さな毘沙門堂《びしゃもん》、太子殿、観音堂が並ぶ。六月二十七日、知床毘沙門堂が建立されて十年を祝う法要が大々的に行われた。毘沙門堂総代の作家立松和平さん（56）＝東京都渋谷区恵比寿三丁目＝の呼び掛けに沼津、東京、京都、奈良などから錚々《そうそう》たる僧侶らが顔を揃《そろ》えた。どうして、北の果ての小さなお堂が聖地になったのか。立松さんは道元や聖徳太子らへの思いを小説、随筆などさまざまに発表。沼津・妙蓮寺で法華経

を聞いたのが信心の始まりだった、という。知床毘沙門堂に立松さんを訪ねた。

▼沼津の福島上人

──歌人の福島泰樹さん（東京・法昌寺住職）が沼津・妙蓮寺にいらっしゃったころ、立松さんが荒れ寺へ訪れた話をこのシリーズで書かせてもらいました。

「あの頃《ころ》（一九七〇年前後）は貧乏でした。インド哲学の中村元さん（故人、東京大印度哲学科教授）の著作をゆっくりと読んでいました。早稲田文学の周辺にいて、歌人として有名だった福島上人に出会った。最初は歌人として会ったから、帽子を取って、きれいに剃髪《ていはつ》されていたのを見て、初めて坊さんだと知ったのです。学生運動から離れ、福島上人はいきなり沼津のお寺に行ってしまいます。私のほうはバイトに明け暮れ、四畳半の下宿生活で栄養失調に陥ったり、どん底の生活でした。渋谷からバスに乗って、沼津へ。自然豊かな場所に福島上人の寺はありました。古畳に座り、壁にもたれながら、福島上人の鍛え抜かれた法華経を聞いていました。その時だったと思います。一緒にインドへ行くという約束をしたのは。その後、福島さんから『本堂を再建する。インドへ行くことができなくなった』と電話がありました。私は一人で船に乗りました。日本山妙法寺で朝から晩まで大太鼓をたたき、法華経を叫んでいました。沼津の福島上人の顔が何度も浮かびました」

福島さんは「ヒマラヤへゆきたしあわれ雪渓を峰を越えゆく鳥に知らゆな」という一首に立松さんへの思いを託して、このシリーズの書に寄せてくれた。知床毘沙門堂は女満別空港から車で約二時間、オホーツク海に面した国道から山に入っていくとすぐにある。廃校になった知床泊小学校の跡地にいくつかの山小屋が建てられ、きれいに整備された参道を登っていくと三つのお堂が並んで建っている。

——十周年法要で導師を務めた福島さんは「北の一大聖地となった。来年には知床が世界遺産に登録される。自然を愛し、弱者を愛する。草木を愛し、自然を愛する思想がここから始まり、世界へ及ぼす」という法話をされました。

「そうなんです。毘沙門堂は仏教なんですが、垣根も何もない、自然の中で何か考えていく場所なんです。最初、かつてあった神社を再建したい、という相談がありました。福島上人に話したら『寺にしろ』というのです。法昌寺は東京・下谷七福神のうち、毘沙門さまをまつっている。知床に毘沙門さまを分神してくれることになった。北方の守護神毘沙門さまの毘沙門堂。神仏混合でいいんです。廃仏毀釈《きしゃく》で分かれましたが、自然から見れば、そんなしがらみはない。五穀豊穣《ごこくほうじょう》、海上安全、大漁祈願、商売繁盛、家運隆盛。何でも祈念いたします。この地域の人々の心の支えの場所になってくれればいいのです」

▼「富士山で交流」

——さすがに神主さんはお見えではなかったようですが。

「いえいえ、今年たまたま欠席されましたが、神主さんも毎年いらっしゃるんです。仏教も垣根がない。曹洞宗の若い僧侶も多く訪れるし、臨済宗の方たちもいる。どこの宗派がいいというわけではない。私は道元が好きだし、聖徳太子にも惹《ひ》かれる。みんな法要の後に盛大な野外パーティーを開いて、冷たいビールを飲んで楽しむのです」

法要には遠路、京都・清水寺の森清範貫主、京都仏教会の有馬頼底理事長（臨済宗相国寺派管長、金閣寺、銀閣寺住職）、京都・聖護院の宮城泰年執事長（修験宗宗務総長）、奈良・法隆寺の大野玄妙管長、奈良・中宮寺の日野西光尊比賀尼らが大挙して訪れた。このほか、俳優の菅原文太さん、高橋恵子さんら約五百人の信徒が詰め掛けた。

――びっくりするような顔ぶれが揃いましたね。

「個人の関係が膨らんでいったのです。自分が自分がと、前に出る人がいないから、長続きしてきたのではないでしょうか。この地域の若い人たちがボランティアとしていろいろ頑張ってくれている。ここはスローフードではなく、スロー宗教が根付いている。あまり熱烈ではいけない。ゆっくりと何となくでいいんです。これが縁ということでしょうか」

来年六月、知床国立公園は世界自然遺産に登録される。流氷が育《はぐく》むクジラ、トド、アザラシなどの海洋生態系、オオワシ、オジロワシ、シマフクロウなど絶滅が危惧《きぐ》される野生生物の重要な生息地が広がる。知床毘沙門堂は世界遺産地域とは離れてはいるが、自然へのあこがれ、保全への意識はここからも醸成される。菅原文太さんは「遺産登録されてからが大変だ。欲望が逆の結果をもたらす」と話された。省みて、富士山はどうか。多くの僧侶が日本一の山を仰ぎ見て修行に励む。京都仏教会の長沢香静事務局長は「次は、富士山のふもとで交流をしましょう」と声を掛けてくれた。富士山が聖地であることは間違いない。ぜひ、新たな自然を愛する交流が生まれることを願いたい。

毘沙門堂の法要には俳優の菅原文太さん、高橋恵子さんらも訪れた。後列は清水寺の森清範貫主ら

【知床毘沙門堂】

本尊は斜里川底から発掘されたハルニレの原木から彫られた毘沙門天像。経費を掛けないで地域の人たちによる手作りの素朴なお堂。立松さんも鋸を引き、釘を打った。福島住職のほか、沼津・光長寺南之坊の浦辺諦善住職らが毎年、法要を続ける。法要に訪れた法隆寺の高田良信管長の発案で、毘沙門堂の隣に知床聖徳太子殿が建立。杉の丸太を使ったログハウス。さらに観音堂も建立。法隆寺百済観音堂建立には知床からイチイの木が運ばれた。ことし5月には京都仏教会にイチイが贈られ、金閣、銀閣などに植樹、新たな相互交流も始まっている。

立松さんや地元の人々の手づくりで建てられた知床毘沙門堂

社会教育で仏心実践

日蓮宗は社会とのつながりを保護司、民生、児童委員、調停委員、教誨《かい》師など福祉、社会教育の現場に積極的に求める。その活動を連携、支援する組織が全国七十四地区にある社会教化事業協会。その連合会長を務める久成《くじょう》寺住職の旭英順さん（67）＝御殿場市清後＝。ことしから新たに地域の一人暮らしのお年寄りに声を掛ける運動がスタートした、という。

日蓮宗社会教化事業協会連合会長
旭《あさひ》　英《えい》　順《じゅん》さん
（67歳、御殿場・久成寺住職）

合掌即仏心《がっしょうそくぶっしん》

手を合わせることで周りのことに思いを馳せる。祈ることで仏の心になっていく。一人暮らしのお年寄りへの呼び掛け運動はそれぞれへの気遣いだ、という。英順院日重が旭住職の戒名。

▼お年寄りに声を

――どのようなきっかけで運動が始まったのですか。

「六月三日に岡山市で連合会総会が開かれました。これまでも国際ボランティア、地域との相互連携など、各地区でそれぞれの活動に取り組んできました。県教誨師会会長の伊藤通明さん（日蓮宗感応寺住職＝静岡市）から『周りを見ると、本当に一人暮らしの年寄りが増えている。俺《おれ》自身としてやろうと考えているが、会としても考えてみてくれ』という意見をもらい、それじゃあ、静岡地区だけでなく、全国運動に広げられれば、と考えたのです。総会で提案すると、参加した百四十人全員が賛同してくれました」

――檀《だん》信徒への呼び掛けなのですか。

「いえ、地域の一人暮らしのお年寄りすべてと考えています。宗門には八千二百三十六人の坊さんがいる。すべての坊さんに徹底したい。坊さんたちの中には趣旨は賛成だが、活動そのものにそっぽを向く者もいるかもしれない。坊さんの側がもっと社会とのつながりを求めなくては、仏教に対する信頼はなくなってしまう。逆に坊さんの側が何をできるかが試されています。『元気かよ、何か困ったことはないのか』。そんなふうに声を掛ける。困っていれば、融通できるものがあれば、差し上げればいい。そのつながりで坊さんが自信を持つのです」

百八十四寺院で組織する静岡中部地区社会教化事業協会長を兼任。中部社会教化事業協会は檀信徒へ向けて、ことしから不要になった老眼鏡をスリランカ身延山別院に贈る運動を始めている。

「これは坊さんだけではなく、檀信徒にも協力を求めている。スリランカでは老眼鏡に給料の半分以上の費用が掛かると聞いています。老眼鏡を購入できるのはほんの一部の富裕層、という。東京の地区協会が昨年からスリランカへ老眼鏡を贈る運動を始めています。私も檀家などに呼び掛けて四百七十本の老眼鏡を集め、東京の地区協会に託しました。八月末から一週間、東京の地区協会に随行してスリランカを訪れます。実際の手続きがどうなっているのかを調べるのが主な目的。救援物資として免税にする手続きが必要になる。さらに、困っている住民へ届けるためにどのような手段を取るのか。使い古し、少々傷ついたものでも構わない。多くの善意が生かされるよう段取りしたい」

静岡中部社会事業協会の事業として十三年前から「一食一円・アシスト募金」に取り組んでいる。ＢＡＣ仏教救援センター（静岡市）の仲介でラオスに八校の小学校を建設した。

「檀信徒にアシスト募金として小さな募金箱を配布して、そこに一円募金をお願いしている。年間に約百六十万円前後が集まります。ラオスの学校建設とともに、国内の地震、噴火災害などに見舞金を贈っています。昨年はカンボジア宗教省からの要請で、十四の小学校にコンピューターを贈りました」

▼仏に助けられた

久成寺の三男に生まれる。幼い頃《ころ》、頭部などのひどい皮膚病に悩まされた。日蓮宗系の身延山高校（山梨県身延町）に進んでから、父の英臣さんを師僧に得度した。

「兄たちが別の道へ進んだこともあるが、仏に助けられたという思いが強く、寺を継ぐ気になったのでしょう。その後、さまざまなことに手を出したのも、根底には私の生命は仏に助けられたという思いからです」

立正大を卒業後、御殿場市社会教育課に勤務、ボーイスカウト、婦人会などに携わる。十年後、本堂新築で寺院作務《さむ》に専念するため市職員を辞職するが、週二日は家庭児童相談室へ。保育所運営委員、市教育委員、市体育指導委員など三十近い社会活動の委員をこなした。現在も北駿地区保護司会長、市仏教会会長など務める。

—ところで、この寺、子供の遊び場が充実していますね。

「と言っても、最近は周りに子供がいなくなった。それでも、近所の保育園の子供らがよく見える。親もよく知っているから、本当に悪いことをすれば怒ればいい。水飲み場で水のかけっこをしたり、栓《せん》にふたをしたりと、たわいのないいたずらですが」

広い境内にはスベリ台だけでなく「なかよし」「ほっぺ」と題された大きな石像が子供らを迎える。檀信徒会館には南米の子供たちを描いた200号の油絵が飾られている。

「よく、境内に日蓮さんの像を設置している寺があるが、日蓮さんは本堂にあればいい。境内は昔から子供の遊び場と決まっている。檀信徒会館はボーイスカウトのキャンプや知り合いの神奈川県のサッカー少年団の合宿などに使っている。大きな絵の前でわいわいががやがやにぎやかでいい」

久成寺
御殿場市清後559
電　0550-82-0186

―住職になられてから檀家数が倍近くになったと聞きましたが。

「社会教育活動はタネだと思います。タネを蒔《ま》かなければ、実はならない。育つ土壌がよくなければ大きくならない」。忙しく働き回る姿に子供らの大きな声が聞こえた。

「和尚さん、こんにちわ」

遊具もそろっている久成寺境内。昔から子供たちの遊び場だ

【BAC仏教救援センター】

静岡市駒形通、感応寺前のマンション一室に事務所がある。理事長は日蓮宗僧侶の伊藤佳通さん。仏教の布施と慈悲の精神で活動を進める会員制の国際協力団体。日蓮宗だけでなく、天台宗、浄土宗などとも連携。ラオスでの小学校校舎建設や井戸掘りの資金提供者を募集している。過去の実績で3クラスの校舎で約300万円。井戸1本が約25万円。事務所にラオス資料室を常設。ボランティアスタディツアーも企画、ことし8月に日大、県立大の学生約10人が2週間、ラオスを訪問する予定。問い合わせは事務所〈電054（272）5674〉へ。

宮沢賢治の心末永く

「世界がぜんたい幸福にならないうちは個人の幸福はあり得ない」。大阪・枚方、法華宗の名刹《めいさつ》大隆寺での小僧時代、宮沢賢治の生き方に出合う。その思想に共鳴、さまざまな資料を集め「宮沢賢治文庫」をつくることを発心した法華宗本門流光長寺南之坊住職の浦辺諦善さん（57）＝沼津市岡宮＝。既に四千点以上の資料を収集している。

法華宗本門流光長寺南之坊住職
浦《うら》辺《べ》諦《たい》善《ぜん》さん（57歳、沼津市在住）

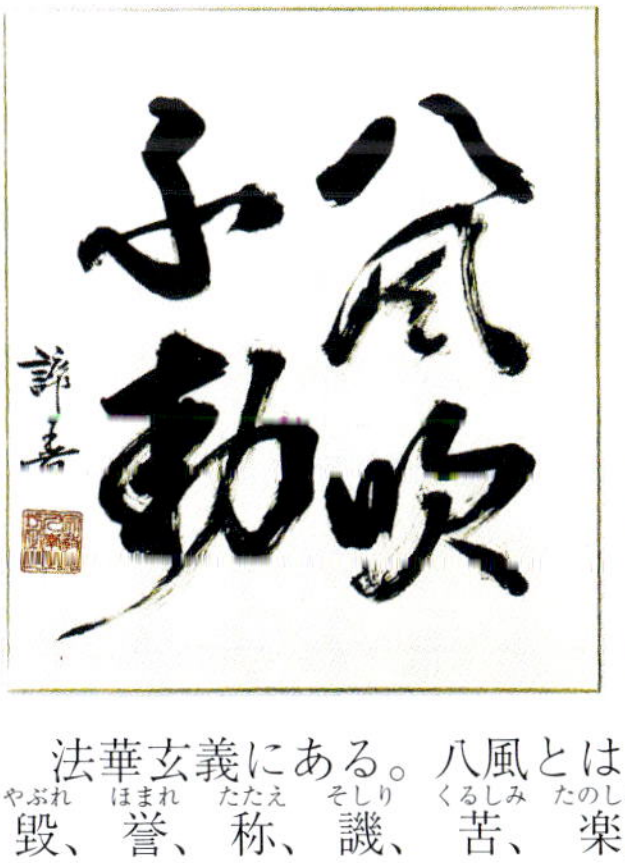

八風吹不動《はっぷうふけどもどうぜず》

法華玄義にある。八風とは「利《うるおい》、衰《おとろえ》、毀《やぶれ》、誉《ほまれ》、称《たたえ》、譏《そしり》、苦《くるしみ》、楽《たのしみ》」を指す。八風に侵されず、左右されないのが賢人だ、という。賢人とは堅固な信仰を持つ法華経行者である。

▼読み返しては涙

──どうして宮沢賢治に関心を持ったのですか。

「三十年以上も前のことです。檀家《だんか》回りの途中で大阪千林の古書店楠書房の主人にいろいろ賢治のことを教えてもらいました。有名な『雨ニモマケズ』の詩だけでなく、東北の貧しい農民らの真の解放を求めて、さまざまな活動を行っています。農民芸術概論序論に出てくる『世界がぜんたい幸福…』に法華経の信者だった賢治のひたむきな姿勢が見えてきます。死の一年前に発表した『グスコーブドリの伝記』初版本を購入したのが始まり。当時としては非常に大きな借金でした。私には学問の才能もないし、勉強家でもない。だから、せめて賢治の資料を集めることで、もっと多くの人々に賢治の生き方を知ってもらいたいと考えたのです」

──賢治のどこに惹《ひ》かれるのでしょうか。

「弟の清六さんは『兄賢治の生涯』の中で、賢治の臨終の様子を伝えています」

〈「南無妙法蓮華経」という大きな声が聞こえ、驚いて家族が二階に集まると兄は合掌しお題目を唱えていた。「何か言い残すことはないか」という父の言葉に、「国訳法華経を一千部おつくり下さい。『合掌。私の全生涯の仕事はこの経をあなたのお手許に届け、そしてその中にある仏意に触れて、あなたが無上道《むじょうどう》に入られますことをお願いする外ありません。昭和八年九月二十一日の臨終の日に於いて　宮沢賢治』と書いて、知己の方々にあげて下さい」と言った。

それから、すこし水を呑み、からだ中を自分でオキシフルをつけた脱脂綿でふいて、その綿をぽろっと落としたときには、息を引きとっていた。〉

「何度読み返しても涙が出て止まりません。賢治は生前、詩集『春と修羅』、童話集『注文の多い料理店』を出版しますが、著作は世間から迎えられず、不遇の中で亡くなっています。現在では多くのファンの支持を得ていますが、賢治の激しい生きざまを含めてすべて亡くなってからのこと。賢治の価値は亡くなってから、漸《ようや》く認められました。坊さんの価値も亡くなってから。生きている時、どれだけ頑張ることができるかだと思います」

▼突然、父が出家

秋田県二ツ井町の出身。生母とは七カ月の時、死別する。父の能登善治郎さん（91）＝僧名・善祐＝は理髪業を営んでいたが、弟の死などに遭い、突然出家。一家は路頭に迷い、兄とともに小学生時代からさまざまなアルバイトを経験。地元紙 秋田魁新報の配達は能代高校卒業まで続く。大雪の吹雪《ふぶ》く中でも朝四時から新聞を配り、給料のすべては家計を支えた。

「父は法華の寺を建てるために北海道から関東まで団扇太鼓を叩《たた》き、題目を唱えて回っていました。困窮した家族は父に生活費を送るよう電報を打ちましたが、父は信念を曲げませんでした。十年後に、父は角付けの浄財、借金、ありとあらゆる資金をつぎ込んで二ツ井町に総在寺を建立しました」

高校卒業後、大隆寺にあった法華宗興隆学林専門学校に入学。大隆寺の作務の傍ら、四年間学林に通う。十年間、教学研究の第一人者として知られた株橋日涌住職（故人）の弟子として修行に励む。その間に大隆寺本堂再建に向けて大きな功績を果たしたとして、宗門から褒賞を受けた。

「住職以外の小僧が賞状を受けるのは異例中の異例だと言われました。父の影響でしょうか、寺をつくる浄財を集めることに一生懸命取り組むことができました。それに学林時代のさまざまな友人らがよい影響を与えてくれました」

一九七五年、南之坊の跡取りとして浦辺量子さんと結婚、八二年に住職。九六年、二ツ井町にあった総在寺の別院を裾野市に建立する。

「静岡県には秋田をはじめ東北の出身者が非常に多い。彼らからぜひ、裾野にも法華の寺をつくってくれ、という要望を受けていました。二ツ井の寺は檀家のいない信徒だけの貧乏寺でした。必死で寺の建立に当たりました。父を裾野の別院に迎えることができ、ほっとしています」

宮沢家は浄土宗を信仰していたが、賢治は法華経に帰依、田中智学が主宰した日蓮主義の国柱会に入会。このため、一家に改宗を求め、父と激しく論争している。

「賢治は亡くなる前、父には初めて褒められたと喜んで語ったと言われます。国訳法華経の後記は父に頼んだ賢治の最後の祈願だったのです。新しい寺を建立するという父の悲願を、私が受け継ぐことができたのも賢治の教えがあったからだと思います」

――これが、賢治の遺言通りに作成した国訳法華経一千部の中の一巻ですか。本当に貴重

光長寺南之坊
沼津市岡宮1044
電　055-921-2283

総在寺別院
裾野市深良3411-2
電　055-997-3323

な資料ばかりですね。「雨ニモマケズ」の詩碑を総在寺別院に建てた、と聞きました。そこに賢治文庫をつくるのでしょうか。

「ええ、そのつもりです。資料室、展示室、閲覧室などを建築できればと思います。賢治を通して法華経の世界を知ってほしい」。法華経行者としての宮沢賢治がいまここに蘇《よみがえ》るか。

「雨ニモマケズ」詩碑。詩の最後に記された十界曼荼羅もそのままに刻んだ＝裾野市深良の総在寺別院

【宮沢賢治】
詩人、童話作家。明治29年（1896年）岩手県花巻市に生まれる。盛岡高等農林学校を卒業。14歳で短歌を創作、24歳までに短歌作品900首を超える。晩年手帳に書き記し、死後発見された有名な詩「雨ニモマケズ、風ニモマケズ…」は高い精神性を表し、哲学者の谷川徹三氏は「明治以降の日本人の作ったあらゆるの詩の中で最高の詩」と絶賛。知られていないが、詩の最後に「南無妙法蓮華経」を中心とした「十界曼荼羅《まんだら》」も記し、法華経の真情を広めようとした。37歳で死去。

宗派超えた貢献模索

県内の十六宗派二千三百四十四カ寺で構成される県仏教会。ことし一月、二十五代目会長に就いたのが曹洞宗普明《ふみょう》寺住職の長岡安成さん（64）＝裾野市千福＝。一部では葬式仏教と揶揄《やゆ》され、僧侶への批判も多い。寺院の役割、宗教者の責任について最もよく考える立場にある。戦国武将、甲斐の武田信玄ゆかりの名刹《さつ》として知られる普明寺を訪ねた。

県仏教会会長
長《なが》岡《おか》安《あん》成《じょう》さん
（64歳、裾野・曹洞宗普明寺住職）

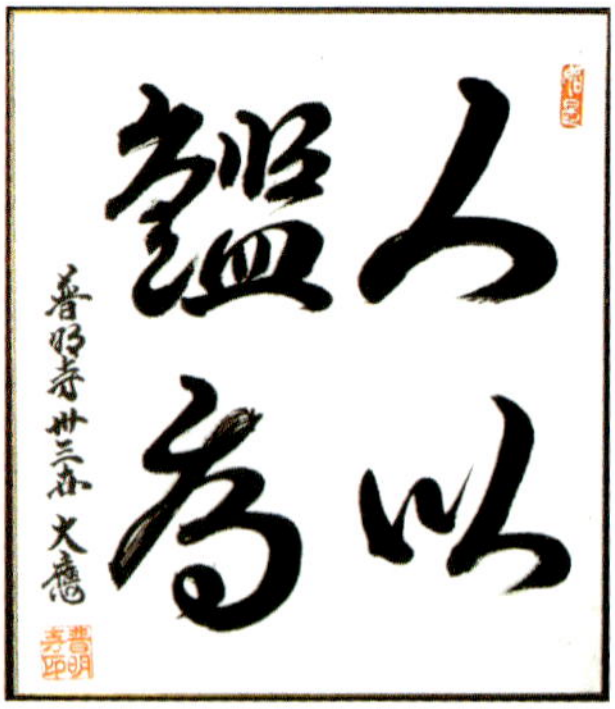

人以鑑為《ひとをもってかがみとなす》

漢書にある。人の言行をよく見て、その良いところを手本にして自分の戒めとする。師父の随典さんが「衆人皆師《しゅうじんみなしとす》」を座右銘としていた。

▼和合の精神を重視

―のっけから失礼な質問になりますが、このシリーズをやっていて僧侶に対する評判、いいものばかりではないようで。

「ええ、分かっています。おっしゃりたいことは。多くの不満の声があるのも承知しています。周りの話を聞かない、自分の意見ばかりをよくしゃべる、自己陶酔型の坊さんが多いのでしょう。自戒の念を持って申し上げるのですが、自分さえよければと考えている坊さんがいることは確かです。だから、檀《だん》信徒から尊敬、帰依されている坊さんがどれくらいいるかというと心許ない。あの坊さんに引導を渡してもらいたい、あの坊さんでなくてはだめだ、と考えている檀信徒がどのくらいいるのか。葬式に坊さんが要らないという極端な話も出てきてしまう」

―それで、県仏教会の役割ですが。

「きついですね。この組織は和合の精神が第一です。各宗派の寄り合い所帯ですから。全一仏教運動を合言葉にしていますが、宗派ごとに事情が違う。会長に就いて、すぐに石川知事を表敬訪問しました。その席では仏教会として葬儀、法要だけでなく、生きている人たちに積極的に取り組む活動をしたい、と申し上げたのですが」

―具体的にはどんな活動をなさるのですか。

「隔年ですが、県仏教徒大会を開催します。ことしは十月二十五日に沼津市で、ムツゴロウの愛称で知られる動物作家畑正憲さんを招いて『命に恋して』と題して講演してもらいます。一般の人たちに無料で聞いてもらいます。県仏教徒大会を開催しない年は、沖縄慰霊祭に参加します。静岡県の軍人、軍属ら約千六百人が沖縄戦で亡くなっています。その慰霊祭に十月にうかがうのです」

―新会長としての抱負はいかがなのでしょうか。

「青少年の心の荒廃をどうにかしたい。夏休みの座禅会、わんぱく教室、花まつりなど寺院と地域のつながりをもっと密接にしなければ」

―県仏教会としてどんな取り組みができるのでしょうか。

「市仏教会、郡仏教会などへ指示して、青年仏教会、仏教婦人会と連携して活動してもらうよう要請します」

―県仏教会に何らかの強制力、資金力があるのでしょうか。

「残念ながら、全くありません。みんな仲良く、和合の精神が根本ですから。副会長が四人いまして、他に市、郡仏教会会長などを務める三十七人の理事で構成しています。各寺院の年会費三千円を使って、活動をしていますが、県仏教徒大会や会報の発行など既存の活動で精一杯《いっぱい》。地域の寺院での活動に支援できるものはありません」

―それで、社会と積極的なかかわり合いを持つことができるのですか。

「本当に厳しい意見ですね。県仏教会が世間とのかかわりの中での存在感が乏しい。それは認めなければならないでしょう。ですから、東海地震のような有事の際、寺院の役割について理事会で話し合いを持ち、意思決定をしたいと考えています」

――と言いますと。

「わたしは長泉の福昌寺住職を兼務しています。先日、行政の依頼で長泉町仏教会が災害時の寺院対応について提携書を交わしました。予想される東海地震で死者が出た場合、遺体の一時安置場所として寺院を使う、というのです」

――非常に重要な役割ですね。

「ええ、それで県仏教会としても社会的な活動として取り組みたい、と提案しました。理事会で各市、郡仏教会の議題にしてほしい、と話をしました。県仏教会が中心となって、取りまとめたい」

▼他の職通し自覚

普明寺に生まれる。駒沢大学文学部を出た後、十六年間にわたって大手電気メーカーの営業職を務めた。住職資格は永平寺東京別院僧堂に通って取得する。

「若い頃《ころ》、ただ、家業を継ぐように坊さんになるのが疑問でした。他の職業を見ていて、次第に坊さんになるという意識が生まれた。父（随典さん、故人）も高校教師を兼務していたからでしょうか、何も言わなかった。早く戻ってきてほしい、と思っていたのでしょう。昭和四十九年にこちらに戻ると同時に、父は引退してしまいました。それまで地域との交流は断絶していましたから、いくつかの団体に入り、社会との交流を大切にしました。道元禅師の『自分に与えられた道であれば、やってみるのが修行』というお言葉を肝に銘じています」

普明寺
裾野市千福387
電　055-992-1176

―それで、難問山積の県仏教会の舵《かじ》取りを引き受けたわけですね。

「本当は、お話をいただいた時、困ったと悩みました。何のためにできることではない。なりたいだけでできるのか。僧侶として通過する場所と考え、引き受けさせていただきました」

事務局を長泉町の玉泉寺に置く。スタッフは地域の若き僧侶十一人。月二、三回、会合を持つ。サラリーマンから仏の道を歩むことを発心。家業としての僧侶ではなく、仏弟子の強い自覚を持つ。県仏教会挙げて何に取り組むべきか。二年間の任期で、かたちのある回答を出してくれるだろう。

県仏教徒大会の準備で忙しい県仏教会事務局のメンバー＝長泉町の玉泉寺

【全日本仏教会】
県仏教会の上部組織。国内の伝統仏教のうち、主要な58宗派を中心に、都道府県仏教会、各種仏教系団体等が参加した財団法人。現在、102の宗派・団体に属する寺院は約7万カ寺。国家の宗教統制に反対して結成された仏教懇話会が始まり。海外の仏教徒との交流を推進する世界仏教連盟（本部・タイ・バンコク市）の窓口。信教の自由、政教分離の原則を唱え、政府や各政党などに意見具申を行う。また、各種セミナーを開催するとともに、部落差別の撤廃と人権擁護の推進を目指している。

臨済宗妙心寺派宝泰寺住職
藤《ふじ》原《わら》東《とう》演《えん》さん（59歳、静岡市在住）

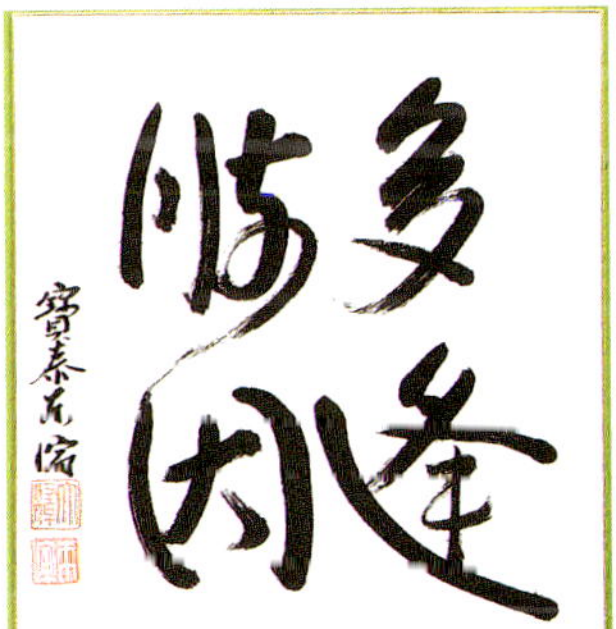

多《た》逢《ほう》勝《しょう》因《いん》

地蔵菩薩本願経に「多く聖因に遭う」とある。心の底から出会いの大切さを実感できるならば、苦しみ、虚《むな》しさを乗り越えていくことができ、人生を豊かにするのだ、という。

感動共有の場を提供

静岡駅から徒歩五分足らず、煉瓦《れんが》造りの西洋風のモダンな建物は美術館か教会に見間違う。「学び」「伝え」「楽しみ」「遊び」「育て」「創る」場所として、一九九五年に株式会社サールナートホールを開設、社長に就いた臨済宗妙心寺派宝泰寺住職の藤原東演さん（59）＝静岡市伝馬町＝。開かれたホールを目指すが、経営的には悪戦苦闘。葬式、法事にとどまらない、藤原さんの実践は新しい仏教の試みとして注目される。

―ことし六月から、ホール（二百席）の貸し出しができなくなった、と聞きました。

「ええ、現在、貸し出していません。自主事業や共催での事業も行っていません。苦しい選択でした。何とか続けたい、と考えていましたが、二、三年ほど前から予算通りに運営できなくなって、いままでのやり方を見直さざるを得なくなった。設立から十年近くが経過して、過渡期に入ったのかもしれません。現在は宝泰寺の檀《だん》信徒会館として使っています」

▼厳しい経営環境

―どこでも小ホールの経営は厳しいと聞いています。

「一般的にポピュラーな芸能であれば、切符はよく売れます。しかし、いくら良質な内容の企画を立てても人が集まらない。『学』『伝』『楽』『遊』『育』『創』を理想に挙げて、市民らが放っておけないようなホールにしたかったが、こちらの力量不足でした。ホール隣の立体駐車場、映画の配給事業などで収支とんとんでやることができたのですが、市内にコイン駐車場が多くでき、駐車場の収益が大幅に減ったこと、不況のせいか、自治体への映画配給も不調。ホールの貸し出し料金を値上げせずにやってきましたが、貸し出すたびに赤字が膨らんでいく」

―それで、映画もホールでの上映ではなく、専用のシネギャラリー（客席四十五席の1、客席四十七席の2）を新たに造ったのですか。

「ええ、こちらは非常に好評です。ミニシアター系の映画館は静岡市にはありませんし、どうしても文化事業を続けたかったので、方向転換せざるを得なくなったのです。これまでホールでの上映では、映画専用ではないので上映期間が短く限定され、配給会社から断られることもあった。これできちんと一週間から一カ月の上映が可能となり、話題性の高い映画に多くの人たちが詰め掛けています」

――シネギャラリーを除けば、宝泰寺の檀信徒会館としての色彩が強くなったのでしょうか。

「ホールを寺の年間行事や檀信徒らの集いに使っているからでしょう。それでも、サールナートホール主催事業として宝泰寺を会場に『四季悠遊』を実施しています。これも評判がいい。宝泰寺の庭に咲くジャカランタの藤紫の花を観賞しながら、中国二胡《にこ》の演奏を楽しむ会を六月に実施、多くの人たちが訪れてくれました。九月には京都・阿じろの創作料理を味わいながら、フルートとハープの演奏を楽しむお月見の会。付加価値がなければ、客のほうも満足しません。ともかくホールを再開するため、工夫しながら、新しい展開を考えていきたい」

昨年、九十歳で亡くなった父の道顕さんが師僧。静岡高から京都大法学部に進み、外交官を志すが、断念。司法試験に転向するが、体を壊してしまう。一年留年後、卒業して実家に戻り、京都・東福寺僧堂で三年間、修行。さらに愛知・犬山の瑞泉寺に三年間通う。

「挫折して精神的に落ち込んでしまっていた。だから、禅に救われたのでしょう。悩み苦しみながら、禅とは何かを勉強して、禅を布教していく道を選んだ」

▼禅の精神を広く

―「人生の経営」（チクマ秀版社）「人生に『もう遅い』はない」（成美文庫）などの著作を読ませてもらいました。

「全国いろいろな場所で話をさせてもらい、禅の難しい用語を使わずに禅の精神を伝えることができれば。日常生活の中で見方を変えることではっと気づき、物事が見えてくることがある。禅僧としての価値観に説得力があるのか、どうか。禅によって私が救われたことを伝えていきたい」

宝泰寺と言えば、江戸時代、朝鮮通信使の昼食接待に使われ「その綺麗《きれい》なること国中第一」とうたわれた庭園で知られる名刹《めいさつ》。現在は「わらべの庭」として、四十体の石地蔵が点在する。

―合掌している地蔵、じゃんけんしている地蔵、笑顔の地蔵などさまざまな地蔵の表情が面白いですね。

「三十四歳の時、長男（靖能さん）を八カ月という短い生命で失いました。それで、藤枝の彫刻家杉村孝さんにお地蔵さんを彫って貰《もら》ったのが始まり。お地蔵さんの開眼供養で地蔵まつりを始めたのが二十五年前。毎年二、三体のお地蔵さんが加わり、わらべの庭になりました。いつの間にか、地蔵まつりも恒例になり、子供たちに人形劇を観賞してもらう。年三回、サールナートホールで、さまざまな人形劇公演も続いています」

―それで、最初の著作が『悲しみが心をひらく『地蔵菩薩本願経』を読む」（鈴木出版、

宝泰寺
静岡市伝馬町12-2
電　054-251-1312

一九九〇年一月）なのですね。

「奇しくも長男の十三回忌に出版することができました。最初、原稿用紙五百枚のうち、三十四枚しか使えない、と編集者から指摘されました。興奮して、感情に走っていたのでしょう。冷静に読み直してみれば、編集者の赤字通りだった。もう一度、最初から書き直しました」


仏教に対する信頼が失われている時代だからこそ、地蔵のような童心に癒やされたい。サールナートホールは感動を共有、人生を語り合う場所であってほしい。

美術館のようなモダンな建物のサールナートホール。宝泰寺とは道を隔ててある

【永代供養塔】

宝泰寺は昨年春、円明堂《えんみょう》という永代供養の合祀《ごうし》墓を開設。80万円支払うことで位牌、納骨式、納骨堂、永代供養の一切を行う。「夫婦に子供がいない」「生涯独身で身寄りがいない」など墓の継承者がいないケースが増え、県内を含め全国的に永代供養塔（墓）が増えている。京都・嵯峨野の常寂光寺に「志縁廟《しえんびょう》」がある。最初、太平洋戦争で夫を亡くした女性たちの共同墓としてできたが、現在は独身女性らが手続きをする。人の死にどうかかわるか。これも新たな仏教の試み、という。

変わらぬもの、仏の道

ことし一月、曹洞宗盤脚院（藤枝市西方）の副住職山田勇賢《ゆうけん》さんが肺癌《がん》のため、四十六歳で亡くなった。勇賢さんの師父であり、住職だった山田康夫さん（81）は大本山永平寺（福井・永平寺町）で長く宗務の仕事に就いていたため、実質的な住職の仕事すべてを勇賢さんに任せていた。十五年間というあまりに長い不在であり、康夫さんの顔を知らない檀《だん》信徒も多い、という。再び「いまここ」の修行が始まった。藤枝大観音で知られる盤脚

曹洞宗盤脚院前住職
山《やま》田《だ》康《こう》夫《ふ》さん（81歳、藤枝市西方）

慕古《もこ》

道元の750年遠忌の基本理念。「仏祖の古道を慕う心」とされ、「広く人々を救う心」。坐禅に生きて自己を究明し、仏法者として現在の混迷、不安に立ち向かわなければならない、という。

院を訪ねた。

▼大本山務め15年

―本当に突然のことでお悔やみ申し上げます。六月六日に勇賢さんの葬儀を終えたと聞きました。

「一日の朝、勇賢の骨を観音の胎内に納めました。漸《ようや》く気持ちを切り替えて、これからやっていくことを考えることができるようになりました。勇賢は妻と三人の子供を残して悔しかったと思う。何とかしてやりたいと祈ったが、どうしようもなかった。石にかじりついても長生きをして、十七歳の康淳（勇賢さんの長男）が三十歳になるまで頑張ってやっていく」

勇賢さんは昨年六月、軽い咳《せき》が続いたため、胸部レントゲン診断を受け、肺腺癌《せん》が発見された。検査の結果、既に手術のできる状態ではなく、抗癌剤治療を続けた。告知から約半年後に亡くなった。住職は埼玉県在住の長男博彰《はくしょう》さん（56）に譲ったが、実質的には康夫さんが住職を続ける。

「昭和六十二年に丹羽廉芳《れんぽう》禅師から副監院《かんにん》の仕事を仰せつかり、丹羽禅師が亡くなった平成五年まで務めました。引き続いて、現在の宮崎奕保《えきほ》禅師から道元禅師七百五十年大遠忌事務局長を務めるようにという申し出で、結局、平成十四年十一月までの十五年間、本山での仕事を続けました。その間、勇賢が寺を守り、さらに新たな多くの檀信徒を集めて、寺の隆盛を図ってくれた。こちらに戻ってきて、一年しかたっていなかった。まさか、勇賢がこんなに早く逝くとは」

▼道元の道33万歩

静岡市国吉田の桃原寺の生まれ。旧制江尻中学から陸軍士官学校を経て陸軍航空隊へ。終戦時には中国東北部の防備に当たっていた。戦後すべての価値観が一八〇度変わる中、どんな世の中になっても変わらないものを求めていた。

「寺の二男だったが、坊さんになろうなど考えていなかった。当時、師匠（山田義道さん）の考え方、生きざまに清祥が見えた。変わらないものを求めて仏道に入った」

駒沢大、永平寺僧堂を経て盤脚院へ。やはり、義道さんが長く宗務総長などを歴任、住職不在の寺を守ることになる。

「丹羽さんの説教に打たれ、わたしも布教師の講習を受け、特派布教師の資格を得て、十四年間、全国を回りました」

―その時の経験が今回の大遠忌事務局長でも生かされたのですね。

「大遠忌で永平寺の大修理などに必要な費用を集めます。全国くまなく寄付をお願いして歩き回りましたから、知っている顔のいるところでは本当に助かった。最初の目標額を遥《はる》かに上回る寄付金を頂戴することができました」

大遠忌の基本理念は「慕古《もこ》」。道元の教えを実践することだ、という。道元の歩いた道を辿《たど》り、京都から永平寺までの約二百三十キロを「慕古の道」と名付け、約三十三万歩を歩いた。

「道元禅師が中国から戻り、坐禅《ざ》を中心に修行した宇治興聖寺から永平寺まで、車で走れば、半日も掛からない距離。八日間、ただひたすら踏みしめるように歩きました。七十二歳でした。横なぐりの激しい雨もありました。痛い足を引きずりながら、慕古は坐禅の実践、只管打坐《しかんたざ》の教えを実践すること、『歩く坐禅だなあ』と実感しました。若い時、寒行で檀家を一軒一軒歩いて、真っ暗な夜道、月に映される影、群雲に消える影を辿りました。褒められようが、けなされようが、わたしはわたしなのだ、と知りました。人に見えようが、見えまいがわたしというものはあるのです。今回も永平寺への道を歩いている時、いかに生きるべきかを考えていたのでしょう」

—高さ十七メートルという大観音を拝ませてもらいました。どのような経緯で出来たのでしょうか。

「三十歳の時、突発性脱疽《だっそ》となり自暴自棄に陥っていました。病院のベッドで同じ脱疽で両手足を失った中村久子さんの著作『宿命に勝つ』を一気に読みました。苦労の多い人生の中で中村さんは観音を信じて生き抜いた。手足はなくてもくじけるな、観音がついている、と言うのです。おれは坊さんなのに何をしている。足が取れたら困る、そればかり考えていた。足に執着していた。足が取れたら、取れたなりに信仰をつくればいい。それを教えてもらった。本尊の観音を信じていればいい。慈愛に満ちた藤枝人観音に救われてほしい」

—三百年後の美林づくりに取りかかっていると聞きました。

盤脚院
藤枝市西方16
電　054-638-0405

「永平寺のような素晴らしい美林になるでしょう。四十年前、檀家の方たちに頼んで、七万本の杉、檜《ひのき》を植えました。本山に行っている間に随分荒れてしまった。もう少し面倒を見てやらなければ。二十本から一本を選び、三千五百本とする。いずれわたしたちはいなくなるでしょうが、将来、三百年後には気持ちがすっとする美しい森になっているはず」

山林整備、育成は国全体で取り組む課題。目先ではなく将来をどこまで見据えることができるか。勇賢さん亡き後、新たな夢に賭けて、限りない修行が続いていく。

中村久子さんへの思いが込められた藤枝大観音

【中村久子さん】
1897年、岐阜・高山に生まれ。3歳の時、突発性脱疽となり、4歳で両足、両腕を切断。20歳で芸名だるま娘として見世物小屋に入る。名古屋の楽屋で書家沖六鵬から書を習う。2人の娘の母となり、ヘレン・ケラーが来日した折、口で縫い物した人形を贈り、「私より不幸な人、そして私より偉大な人」とヘレン・ケラーを感激させた。戦後、講演会活動を続け、身体障害者らへの差別改善などを訴えた。「手はなくとも足はなくともみ仏のそでにくるまるる身は安きかな」。一時、静岡市に在住、72歳で死去。

あとがき

「百鬼夜行のいまの世の中に水先案内人である宗教人の多くも悩み、さまざまな修行に取り組んでいる。そのことばに生きるヒントが見い出されないか。ふじの国ゆかりの修行僧らの真摯《しんし》な素顔に迫った」。二〇〇四年一月二十一日から八月十一日までの毎週一回一ページ企画で連載し、修行僧を紹介しました。97歳の中村康隆知恩院門跡を最高齢に80歳代も八人とみなさんお元気で若々しい修行僧にお会いして、それぞれの持つエネルギーの大きさに驚き、圧倒されていました。その魅力に迫るのは紙面だけでは限界がありました。ぜひ、単行本を片手にそれぞれの寺院を訪ね、修行僧のエネルギーに触れて頂ければ、きっとその魅力の奥深さを知ることでしょう。素晴らしい出会いを与えて下さった修行僧の方たち、関係者のみなさんに感謝致します。

記事は学芸部の小林、写真は写真部の塩津治久、永井秀行、藤井晴雄、浅井貴彦、杉山英一、坂本豊、望月貴広、久保田竜平と小林が担当しました。

静岡新聞社編集局　小林　一哉

（文中の年月日、年齢、肩書、地名等は新聞掲載時のままとしました）

心の風景
ふじの国の修行僧

*

2004年9月17日初版発行

著　者／静岡新聞社
発行者／松井　純
発行所／静岡新聞社

〒422-8033 静岡市登呂3-1-1
電話 054-284-1666

印刷・製本／柳澤印刷

ISBN4-7838-2210-7 C0014